역사적 예수

우리는 무엇을 어떻게 알 수 있는가?

Anthony Le Donne

역사적 예수
: 우리는 무엇을 어떻게 알 수 있는가?

2018년 8월 31일 초판 1쇄 인쇄
2018년 9월 10일 초판 1쇄 발행

지은이 앤서니 르 돈
옮긴이 김지호
펴낸이 김지호

도서출판 100
전　화 070-4078-6078
팩　스 050-4373-1873
이메일 100@100book.co.kr
홈페이지 www.100book.co.kr

ISBN 979-11-89092-03-0 03230

이 도서의 국립중앙도서관 출판예정도서목록(CIP)은
서지정보유통지원시스템 홈페이지(http://seoji.nl.go.kr)와
국가자료종합목록시스템(http://www.nl.go.kr/kolisnet)에서 이용하실 수 있습니다.
(CIP제어번호: CIP2018027083)

ⓒ 2011 by Anthony Le Donne
Originally published in English
as *Historical Jesus: what can we know and how can we know it?*
by Wm. B. Eerdmans Publishing Co., Grand Rapids, MI, U.S.A.
All rights reserved.

This Korean translation edition ⓒ 2018
by 100 Publishing House, Goyang-si, Gyeonggi-do, Republic of Korea.
This Korean edition is published by arrangement of Wm. B. Eerdmans Publishing Co.
through rMaeng2, Seoul, Republic of Korea.

이 한국어판의 저작권은 알맹2 에이전시를 통하여
Wm. B. Eerdmans Publishing Co.와 독점 계약한 도서출판 100에 있습니다.
신 저작권법에 의하여 한국 내에서 보호받는 저작물이므로
무단 전재와 무단 복제를 금합니다.

10년이라는 방종의 시절 동안

사랑하는 사람들에게

목차

서문 (데일 C. 앨리슨 Jr.)		7
감사의 마음을 담아		14
시작		17

제1부

질문 I	완전히 내적인 것일까?	33
지각 I	외부로부터 내부를 생각하기	35
기억 I	가족 문제	49
역사 I	일종의 현재	63
예수 I	고장난 가정	75

제2부

질문 II	그건 사탄이 … 었던 걸까?	95
지각 II	이해한다는 것은 해석한다는 것	97
기억 II	유동성과 안정성	110
역사 II	확실성과 역사 사이에서	120
예수 II	정치를 말하다	133

제3부

질문 III	그들이 말하는 당신이 바로 당신인가?	151
지각 III	믿는 것이 보는 것이다	153
기억 III	거울로 보는 것 같이 희미하나	168
역사 III	만약 기억이 기여한다면	175
예수 III	큰 무대	187

새로운 시작	204

- story는 이야기로, narrative는 내러티브로 번역하였습니다.
- 성서 인용은 개역개정, 공동번역개정, 표준새번역 중 본문 내용을 가장 잘 살릴 수 있는 역본을 택하여 사용하였으며, 간혹 영역본에 따라 수정하였습니다.
- [ ] 안의 내용은 저자의 첨언입니다.
- 〔 〕안의 내용은 독자의 이해를 돕기 위한 역자의 첨언입니다.
- 저자는 해학적인 어조를 많이 사용하여 독자에게 친근감을 주고 있지만, 역자가 이를 충분히 살리지 못한 점 참고하시고 양해 바랍니다.

서문

나는 이 책의 추천사를 쓰게 되어 기쁘다. 이 책은 친근하게도 작은 부피를 지녔지만 그 중요성은 대단하다. 이 책에서 르 돈은 우리에게 많은 것을 가르쳐 주고 있다.

아마도 『역사적 예수』가 지닌 최고의 미덕은 이 책의 저자가 역사적 재구성의 복잡성을 완전히 인지하고 있다는 점일 것이다. 아주 오랫동안 신약학자들은 사건 vs 해석, 기억 vs 전설, 사실 vs 허구와 같은 식으로 지나치게 단순한 반정립 구도를 사용해 왔다. 신약학자들은 복음서의 근저에 있는 역사적 사건을 드러내고자 한다. 학자들은 이른바 복음서 안의 이차적 해석으로 여겨지는 것들을 자신들이 벗겨낼 수 있다고 생각한다. 지나치고 허황된 자신감이다. 그러나 아주 오래 전 오리게네스가 예리하게 통찰했던 것처럼, 기록된 사건이 실제 일어난 것인지(설령 실제 일어났다 할지라도)를 보여 주는 것은 언제나 너무도 어려운 일이다. 그 못지않게 중요한 것은 르 돈이 차근차근 설명하는 바와 같은 인간의 지각에 대한 최근의 연구다. 최근의 연구는 우리가 편리하게 사용했던 전통적인 이분법이 거짓이라고 설명하고 있다. 포스트모던 역사기술학도 그렇게 말한다. 그것은 우리가 사용해 온 낡은 방법들과 전제들의 상당수를 무효화한다. 이제는 정말 다시 생각해 볼 때다.

르 돈은 우리가 다시 생각해 보도록 도와준다. 그는 예수에 대한 기억은 곧 예수를 지각한 것에 대한 기억이며, 모든 지각은 불가피하게 왜곡될 수밖에 없고, 시작부터 마지막까지 해석을 거치면서 보는 각도에 따라 달라진다고 설명한다. 여기에 담긴 한 가지 중요한 함축은 복음서가 많은 그리스도인들이 소박하게 상정하고 있는 형태의 것일 수 없다는 점이다. 마치 법정에서의 기록과 같은 것일 수 없다는 말이다. 동시에 복음서가 해석으로 가득하다는 명백한 사실에 호소함으로써 회의주의를 정당화한다면, 이 또한 순진한 발상이란 점이 드러난다. 아마도 해석에는 늘 왜곡이 있을 것이다. 그러나 해석이 없이는 기억도 없으며, 기억이 없으면 과거도 없고, 역사라는 작업 자체가 불가능하다. 르 돈은 "기억이 중요해질수록, 기억은 점점 더 해석될 것이다"라는 점을 강조하면서, 이러한 점을 책 전체에 걸쳐서 효과적으로 이야기한다.

그는 또한 역사를 보존하는 사람들, 즉 비평적 역사가들이 실제로 무엇을 하는지 숙고함으로써 역사의 본질을 우리에게 밝혀 준다. 역사가들이 과거로부터의 지각이자 과거에 대한 지각을 보존하지만, 그럼에도 자신들과 관련 있어 보이는 것들을 논함으로써 이를 행하며, 자신들이 가진 자료에 자기 자신의 범주들을 부과함으로써 이를 행하고, 그들이 보기에 별로 또는 전혀 가치가 발견되지 않는 것들을 무시함으로써 이를 행한다. 그래서 역사가들은 전에 있었던 것에 초점을 맞추는 만큼이나, 적어도 은연중에라도 현재에 관여하고 있는 것이다. 이는 예수 전승을 최초로 전달했던 사람들(tradents)이 했던 것과 그리 다르지 않다. 더욱이 예수에 대해 연구하는 역사가들은 그 최초의 전달자들처럼 다시금 이전의 해석과 재해석을 해석하고 또 재해석한다.

이 마지막 요지가 예수 연구에 있어 특히 중요하다. 현대의 역사가들은 복음서 저자들이 일어난 사건들을 신학화했다는 점, 그들이 예수를 모형론(typology〔예표론〕)적으로 이해했다는 점, 그들이 예수의 생애 동안 있었던 사건들을 영적인 텍스트 혹은 유대교적 신학사상(theologoumenon)으로 해석했다는 점을 인정한다. 그러나 이러한 점이 우리가 복음서 저자들로부터 나사렛 예수에 대해 배울 수 있는 것이 없음을 의미하지는 않는다. 고대 유대교의 맥락 안에서는 예수에 대한 기억들이 신학화되어야 했으며, 모형론적으로 이해되어야 했고, 종교적 전통에 비추어 해석되어야 했다. 그렇지 않았다면 예수는 잊혔을 것이다. 따라서 모형론은 그저 문학적 장치가 아니라 기억하기 위한 전략이다. 더 나아가서, 예수가 살아 있는 동안에도 예수와 그를 알았던 이들 또한 예수의 사역을 종교적 내러티브라는 틀 안에서 이해해야 했다. 이는 분명 부활 이후의 여러 해석 전략이 부활 이전 시기까지 거슬러 올라갈 가능성을 높여 준다. 르 돈은 "예수 스스로가 종종 성서에 호소하고 성서를 따라 함으로써 기억을 굴절시키는 패턴을 규정하였다"라는 개연성 있는 주장을 한다. 이것이 함축하는 바를 고려해 보아야 한다.

마찬가지로 르 돈이 역사적 재구성에서 상상력을 존중하고 있다는 점도, 어떤 점에서는 문제가 드러날지도 모르지만, 그럼에도 중요하다. 우리의 주관성이 하는 핵심 역할은 데카르트적 확실성이 폐기됨을, 객관성이 신기루임을, 그리고 우리의 상상력이 예수를 발견하는 일에 계속 관계될 수밖에 없음을 의미한다. 분명 우리는 아무런 사실도 없는 채로 일할 수는 없겠지만, 그럼에도 우리의 과업은 "부인, 정확히 사실만을요"라고 말한 조 프라이데이 경사(Sergeant Joe Friday)를 모방하는 것이 아니다. 오히려 우리는 최고의 이야기꾼이 되고자 하는 포부를 품어야 한다. 다시 말해, 우리의 목표는 우리의 자료에 있는 다양하고 이따금 상충되는 해석들이 타당해 보이도록 설명해 주는 이야기를 구성하는 것이다. 우리가 역사적 예수를 확신하는 길을 발견할 수 있는 때는 바로 복음서 저자들과 그들보다 앞선 이들이 제공하는 사안들이 경합함을 이해하게 될 때와 이를 설명하려 할 때다.

그 결과, 우리는 예수에 대한 초기 그리스도인들의 해석이라는 껍질을 벗겨내는 것으로 우리의 연구를 진행하지 않는다. 그보다 우리는, 먼저 광범위한 기억 패턴을 찾기 위해 잔존하는 해석들을 샅샅이 조사하고, 그 다음 그것들의 존재에 대한 이야기를 시도함으로써 '과거에 대한 근사치 이미지'를 얻고자 한다. 달리 말하면, 편집 관련 사안들과 신학적 영향을 폐기함으로써가 아니라, 그러한 사안과 영향(이 등장한 이유들)을 설명함으로써 역사적 예수를 구성하는 것이다.

이러한 것들이 전부다 약간 추상적으로 들릴 수도 있겠지만, 르 돈은 예수와 관련된 몇몇 흥미로운 문제들과 대결함으로써 자신의 요지를 또렷하게 전달해 주고 있다. 예를 들어, 르 돈은 요한복음 2:1-11과 (예수께서 포도주가 더 있어야 된다고 요구한 자신의 모친을 꾸짖으심), 마가복음 3:21, 31-35(예수께서 모친을 포함하여 자기 가족을 무안하게 하심), 누가복음 11:27-28("당신을 밴 태와 당신을 먹인 젖이 복이 있나이다"라는 말에 대해, "오히려 하나님의 말씀을 듣고 순종하는 자가 복이 있다"(cf. 도마복음 79)는 반응을 보이심)을 고찰하며, 별개로 보이는 세 개의 본문에 어떤 기억 패턴이 들어가 있다고 생각한다. 이러한 패턴은 각각의 본문이 서로 다른 방식으로 다듬어진(elaborated) 것일 수 있지만, 세 본문 모두 예수께서 자신의 가족들, 특히 어머니와 어색했음을 내포하고 있다. 르 돈은 한편으로는 이러한 기억 패턴이 실제적으로 기억을 도와주는 기억술적 보장도 없이 생성되어 왔던 것은 아니라고 주장한다. 그러나 다른 한편으로 바로 그 예수와 가족들이 어색했던 상황이 신앙적 헌신으로 인해 자기 가족들과 불편해진 신자들에게 위안을 주었기 때문에, 그리스도인들은 그때의 상황을 기억하고 있다고 논증한다.

이제 이것으로도 나에게는 아주 합리적으로 보이지만, 르 돈은 한 걸음 더 나아간다. 르 돈은 묻는다. 왜 예수께서는 가까운 가족들과 잘 지내지 못했을까? 그의 대답은 이렇다: 마리아는 예수에 대해 큰 기대를 품고 있었다. 마리아는 자신의 아들이 위대한 일들을 하도록 정해져 있다고 믿었다. 그에 걸맞게 마리아는 자신의 염원을 예수께 투사하였다. 즉, 자신의 사회적 지위를 바꾸어 주리라 생각했다. 그러나 예수는 다른 것들을 마음에 품고 있었다.

이 모든 것이 정확할 수도 있겠지만, 어느 누군가는 다른 이야기를 말할 수도 있다. 마리아의 남편이자 예수의 아버지인 요셉은 공생애 기간 동안 한 번도 나타나지 않았다. 요셉은 그의 아내 마리아가 사도행전에 나온 것과는 달리, 초대 교회의 구성원으로 등장하지도 않았다. 그렇다면 자기 아들 예수가 공적인 인물이 되기 전에 요셉이 죽었다는 것은 매우 적절한 추측이다. 이것이 문제인데, 왜냐하면 복음서에서 상정하는 바처럼 예수가 마리아의 첫 아이라면, 그의 가족들은 당연히 예수가 집에 머물면서 아버지의 자리를 대신하여 새로운 가장이 되리라고 기대했을 것이기 때문이다. 예수가 그 대신에 종교적인 소명으로 말미암아 길을 떠나 순회 설교자가 되는 길을 택했다면, 그의 어머니와 동생들은 화가 났을 것이다. 그리고 아마도 이것이 예수와 다른 가족들이 갈등하는 근원일 것이다.

나는 어떻게 큰 확신을 가지고 이러한 문제를 결정할 수 있는지 알지 못한다. 한 이야기가 진실이라면, 그 나머지는 거짓일 것이다. 아니면 두 이야기 모두 거짓일 수도 있다. 혹은 두 이야기 모두 그 안에 약간의 진실을 포함하고 있을 수도 있다. 그러나 오히려 이 점이 한물간 확신을 포기해야 한다는 르 돈의 요지 중 하나를 강조하고 있다. "역사가들은 본디 이야기를 창조하는 결정을 한다." 그리고 각양의 역사가들은 동일한 기억 패턴을 설명하기 위해 각기 다른 이야기를 제시할 것이다. 때때로 우리는 서로 경쟁하는 이야기들 중에서 어떤 이야기가 제일 좋은지를 판단하기가 무척 어려울 것이다. 그래서 겸손해야 한다는 점을 배운다—그러나 바로 이 점이 우리가 포스트모던 역사 기술학에 대한 르 돈의 설명에서 르 돈과는 다른 식으로 배울 수 있는 교훈 중 하나다.

이와 같이 나는 이 책이 담고 있는 내용을 매우 추천하고 있다. 또한 나는 이 책의 글쓰기 방식에 대해 한 마디 덧붙이지 않을 수가 없다. 『역사적 예수』는 읽는 즐거움이 있다. 표현이 명료하고 글솜씨는 우아하다. 그밖에도 흥미롭고, 유익하며, 종종 개인적인 사례들이 책 전체에 생기를 불어 넣고 있다. 분명 저자는 자신이 말해야 하는 내용에만 노력을 기울인 것이 아니다. 그는 말하는 방식에 대해서도 동일하게 많은 노력을 쏟았다. 또 반복해서 말하자면, 이 책은 모호한 것을 명백하게 만드는 결실을 거두었다. 더 많은 사람들이 의사소통을 할 때 타인을 염두에 두고, 이처럼 잘 쓰는 것이 필수적이라고 느꼈으면 좋겠다.

르 돈은 우리에게 좋은 책을 주었다. 이 책이 알맞은 시기에 좋은 책이기를, 그래서 이 책의 진가를 알아보는 독자들을 만나기를, 그들 중 초기 그리스도교를 다루는 역사가가 있다면 이와 같이 하기를 소망해 본다.

데일 앨리슨(Dale C. Allison Jr.)

감사의 마음을 담아

이 책은 다른 분들이 저에게 쏟아 주시는 많은 것들 중
아주 작은 일부에 불과합니다.
저는 깊은 감사의 마음을 전합니다.

사라(Sarah), 웃음의 역사상 최고의 웃음을 가진 그대,
아주 형편없는 사람에게 사랑스러운 아내가 되어 주었습니다.

채드 카마이클(Chad Carmichael), 케빈 포스터(Kevin Foster), 크리스 키스(Chris Keith), 타라 르 돈(Tara Le Donne), 에드 피콕(Ed Peacock), 크리스토퍼 심슨(Christopher Simpson), 팀 스태포드(Tim Stafford),
이 책을 빚어 나가는 데 도움이 되도록 관대한 비평을 해 주셨습니다.

학문적 산파와도 같은 제임스 던(James Dunn)과 존 바클레이(John Barclay),
제 다음 책에서는 학식 있는 척해 보겠습니다.

데일 엘리슨(Dale Allison), 이 기획에 상당한 영향력을 더해 주셨습니다.

마이클 톰슨(Michael Thomson)을 비롯한 어드만 출판사 사람들,

그리고

앤디 얼믈리(Andy Almlie), 마크 얼믈리(Mark Almlie), 스티븐 오스번(Stephen Ausburne), 매튜 커티스(Matthew Curtis), 네이선 스트롱(Nathan Strong), 제이슨 스웨인(Jason Swain), 그리고 좋은 발(one good hoof),

이 책을 그대들에게 바칩니다.

미스터 아이작 뉴튼은 모든 것을 시험했네
쿡 찌르고 콕 찌른 다음 말했지
"고체는 보이는 그대로 실재한다네"
미스터 알버트 아인슈타인은 빛과 속력에 대해 곰곰이 생각했네
그리고 자기 마음의 눈으로 선포했지
"오 나의 꿈, 이건 꿈의 세계야"

피터 메이어, 〈꿈의 세계〉(World of Dreams)

시작

태고를 감싼 저 멀리 아득한 곳에, 영원하며 꺼지지 않는 진리의 빛이 빛나고 있다. 모든 의문 너머에 있는 진리의 빛—시민사회라는 세계는 분명 인간이 만들어 온 것이며, 따라서 그 원리들은 우리 인간 정신의 변화 양상 안에서 발견될 수 있다.

지암바티스타 비코(Giambattista Vico)

역사적 예수로 시작하는 것이 이 책을 가장 흥미롭게 만드는 출발점일 것이다. 예수가 역사상 가장 중요한 인물은 아니더라도, 어쨌든 적어도 가장 흥미로운 인물이다. 예수의 얼굴은 다른 어떤 현대의 정치가나 록스타, 아니면 사회적으로 버림받은 이들보다 잡지 표지로 더 자주 등장한다. 논란이 팔린다는 말처럼, 나는 예수의 성 정체성이나 예수의 정치학이나, 고통 받는 예수의 혼(psyche)이라는 주제로 이 책을 시작할 수 있다. 예수와 어머니의 관계의 문제와 같은 것에서 시작한다면, 무관심한 독자들까지도 좀 더 붙잡게 될지 모른다.

나 또한 이러한 주제에 관심이 있으며, 이 책에서 탐구할 것이다. 그러나 내가 이러한 주제로 시작했다면, 아마 당신은 나를 신뢰하지 않았을 것이다. 이 책이 당신에게 충격을 주고자 하는 또 한 권의 책에 불과하다고 의심했을 것이기 때문이다. 그리고 그러한 의심은 타당한 것이다. 독자들을 경악하게 하려고 시도하는 작가들은 보통 자신들이 하는 일의 진실성을 보이는 것보다 주목 받는 일에 관심이 있다. 그것이 바로 이 책이 예수의 생애에 대한 이야기로 시작하지 않는 이유다. 나는 물론 당신의 주목을 받고 싶다. 그러나 당신의 신뢰를 희생하면서까지 그러고 싶지는 않다. 그래서 예수에 대한 역사적 인물 묘사에서 시작하지 않고, 포스트모던 역사가의 지표가 되는 철학적 물음으로 시작할 것이다.

이 책은 "역사적 예수"라고 불린다. 이 두 단어 모두 내가 가진 두 개의 목표를 대표하고 있다. 그 두 개의 목표는 (1) 역사학 이론 및 방법론을 다루는 **방식**(how)과 그 **이유**(why), 그리고 (2) 예수에 대한 **것**(what)이다. 그래서 나는 예수의 생애에서 일어난 **무언가**(what)를 말하기에 앞서, 역사가가 어느 정도 확신을 가지고 이러한 주장을 펼칠 수 있는 **방식**과 그 **이유**에 대해 설명할 것이다. 나는 독자인 당신이 내가 그러한 방식으로 역사에 접근하는 이유를 알게 됨으로써, 내가 예수에 대해 이야기할 때 내 말을 따라올 수 있기를 바란다.

고대 역사, 특히 종교사 연구는 굉장히 어려운 작업이다. 어떤 이야기가 인간의 지각에서 비롯되었으며, 또 어떤 이야기가 전설에서 비롯되었는지를 말한다는 것은 대개 어려운 일이다. 사실, 어떤 때는 이 둘이 결합되어 있다! 성실한 역사가라면, 화자(과거와 현재 모두)가 가지고 있는 동기와 의제까지 모두 다 읽어내기 위해서, 그 밑바탕이 되는 철학적 구조에서부터 시작해야 한다. 그러한 역사가는 역사의 본성―역사의 본성이란 무엇이며, 무엇이 아니며, 우리의 작업에 가져와야 하는 것은 무엇이며, 그로부터 기대할 수 있는 것은 무엇인가―에 관한 어떤 잠정적인 이론을 가지고 있어야 한다. 내가 '역사의 예수'(Jesus of history)를 공정하게 다루려면, 나는 내가 기대하는 역사의 예수가 **무엇**(what)이며, **어떻게**(how) 그 찾는 일을 시작할 수 있으며, 또 **왜**(why) 찾아야 하는가를 알아야 한다. 철학적 토대를 놓지 않으면, 역사가는 부지불식간에 적절한 역사적 맥락도 없는 역사를 창조하고 말 것이다. 우리는 이러한 철학적 토대 작업을 '역사 철학' 내지 '역사 기술학'(historiography)이라고 부른다. [1]

이 책은 포스트모던 사상에 진지하게 관심을 기울이는 철학을 사용할 것이다. 나는 그렇게 함으로써, 역사적 확실성이라는 개념을 포기한 사람들이 예수의 생애에 다가갈 수 있게 할 것이다. 한때 근대의 역사 철학에 의해 흐릿해졌던 역사적 예수는 이제 포스트모던적 관점으로부터 역사적 연구를 감행하는 살아 있는 주제다.

이쯤에서 당신은 당신 자신의 모험을 고르길 원할지도 모른다. 만약

---

[1] 나의 주요 관심사 중 하나는 역사 기술학인데, 나는 역사의 본질에 관한 연구를 의미하는 방식으로 이 단어를 사용한다. 이와는 다른 두 번째 주요 용례가 있는데, 이와 대조하여 이 단어를 정의하는 것은 중요할 것이다. 두 번째 용례는 '역사를 기록한 산물'이라는 의미다. 이러한 두 번째 정의는 역사 기록에 접근하는 어떤 특정한 방식을 묘사하기 위한 것으로 이해된다. 첫 번째가 역사라는 학문에 대해 기술하는 것이라면, 두 번째는 역사에 대해 기술하는 것이다. 독자들은 이 책에서 두 번째 정의가 아닌 첫 번째 정의로 사용되고 있다는 점을 알고 있어야 한다. 어떤 이들은 역사기술학이 역사 철학의 하위 분야라고 주장할지 모르지만, 이 단어가 지닌 의미의 범위가 지난 몇 년 동안 넓어졌기에, 역사 기술학과 역사 철학은 사실상 동의어이다. 나는 그렇게 여긴다.

학술적인 한계 설정에 전혀 관심이 없다면, 머리말의 나머지 부분을 넘어가는 은총을 자신에게 베풀어도 된다. 이 장의 나머지 부분에서는 용어를 정의하는 일과 전문가들의 공통적인 질문에 답하는 일에 대해 이야기할 것이다. 고작 몇 쪽이지만, 그 시간에 차라리 꽃 내음 맡는 것을 더 선호하는 분도 있을 것이다. 나는 프리지어 꽃향기를 추천한다. 다 맡았다면, 지금 31페이지에서 당신을 기다리고 있는 제1부로 가면 된다.

포스트모던적이게끔 하는 것은 무엇인가?

'포스트모던적'(postmodern)이란 단어는 자주 욕을 먹는데, 욕을 먹는 것 이상으로 자주 오해되고 있다. 나는 이 말을 이미 여러 차례 사용했는데, 욕먹고 오해 받을 각오를 하고 있다—나는 이 점을 잘 인지하고 있다. 이 단어가 악하다 하더라도, 나는 이 단어가 필수적이라고 확신한다. 나는 이 단어를 형용사형으로 사용하기를 선호하는데, 왜냐하면 '포스트모더니티'와 '포스트모더니즘'이라는 명사를 쓰면 사람들이 헷갈려 하는 경향이 있기 때문이다.[2] 대부분 '-이즘'이란 말이 명제나 믿음 체계로 자리 잡은 것을 가리키기 때문에 헷갈릴 수 있다. 그러나 포스트모더니즘의 경우는 그렇지 않다.[3] '포스트모더니즘'이 무엇인지

2 많은 사람들이 전반적으로 이 단어를 상대주의, 실존주의, 혹은 현대적인 삶과 동의어로 잘못 사용하고 있다.
3 많은 사람들이 포스트모더니즘을 어떤 통일된 철학이라기보다 '사회적 담론'처럼 말하는 것이 이러한 이유 때문이다. Cf. D. Harvey, *The Condition of Postmodernity* (Oxford:

명확히 정의할 수 있는 통일된 명제 체계나 신념 체계가 없다. '포스트모던적'(탈근대적)이게끔 하는 것이 무엇인지 이해하려면, 포스트모던적인 것의 전조인 '모던적'(근대적 또는 현대적)이게끔 하는 것이 무엇인지를 이해해야 한다.

다음의 예를 고찰해 보자. 현대 의학(modern medicine), 현대 건축(modern architecture), 현대 무용(modern dance). 이러한 예들을 포괄할 만큼 큰 철학적 그릇이 있는가? 이러한 것들이 '모더니즘'의 예가 되게끔 만드는 이유들은 정말로 다양하다. 누군가는 이러한 각각의 예들이 '최소주의적'(minimalist) 접근 방식을 나타내고 있다고 말할지도 모른다. 그러나 현대 의학을 최소한으로 만드는 것은 현대 건축을 최소한으로 만드는 것과 매우 다르다.[4] 어떤 건물을 가장 주된 형태로 환원(축소)해도 인간에서 그저 주체로 환원된 의료 환자와는 매우 다르게 보인다. 이와 같이 환원의 결과들은 서로 매우 다르다. 그리고 최소주의는 '모더니즘'과 관련된 그저 하나의 개념일 뿐이다. 내 요지는 '모더니즘'이란 말이 너무 다양하게 사용되는 표현이기 때문에, 그 모든 것을 적절하게 연결시켜 줄 만한 하나의 공통된 철학적 체계를 찾기가 어렵다는 것이다.

이러한 점이 "포스트모더니즘"을 더욱 규정하기 어렵게 만든다. 어떤 것이 포스트모던적이라고 여겨지기 위해서는 모던적 접근 방식과 어떻게든 맞서는 방식으로 반응해야 한다. 무엇에 맞서서 반응을 했는지에

Blackwell, 1990), p. 9. 『포스트모더니티의 조건』(한울, 2008).

[4] '형태는 기능을 따른다'는 슬로건(mantra)은 어떤 것을 지각한 기능이 무엇인지와 전적으로 관련된다.

따라 그것이 포스트모던적이게끔 하는 것인지 여부가 결정될 것이다.

내가 특별히 관심 있는 것은 포스트모던적 역사 철학이다—즉, 현대 역사 철학자들이 이전의 '모던적' 전제들, 이론들, 역사 연구 방법들에 맞서서 반응해 온 방식들이다. 더 나아가서, 나는 내가 역사적 예수를 탐구함에 있어 가장 유용하다고 생각하는 포스트모던 사상의 특정 국면들을 강조할 것이다. 요약하자면, 당신은 역사 철학에서의 주요 문제에 대한 나의 견해를 점점 이해하게 될 것이다.

나는 내가 중요한 철학자들의 어깨 위에 서서 그들의 작업을 나 자신의 목표를 달성하기 위해 사용할 것이란 점을 인정한다—그리고 경우에 따라 그러한 철학자들이 인정하지 않을 수도 있는 방식으로(또는 인정하지 않았을 법한 방식으로) 그들의 작업을 사용할 것이다. 그러나 철학이나 성서학을 공부하는 학생들이 벌써 아는 것처럼, 이런 식으로 내 맘대로 이전의 생각으로부터 이탈하는 것은 전혀 새로울 것이 없다. 나는 이 점을 시작부터 분명히 하길 원한다. 철저히 모던적인 세계관을 지녔지만, 여전히 그들의 작업이 포스트모던 사상과 관계있으면서 유용하기도 한 몇몇 철학자들에게 묵직하게 기댈 것이기 때문이다.

포스트모던적(탈근대적) 발상들을
프리-모던적(전근대적) 예수에게 적용하기

앞으로 나아가기에 앞서 언급해야 할 만한 또 다른 문제가 있다. 현대 철학(여기서는 포스트모던 역사 기술학)을 고대사에 적용하는 것에 대한 타당성에 의문을 제기할 사람이 있을 것이다. 이러한 적용은 어떤 이들에게는 시대착오적으로 보일 것이다. 나는 예수나 그의 추종자들이 세계에 대한 포스트모던적 전망을 품었다는 말을 하려는 것이 아님을 분명히 할 필요가 있다.[5] 예수가 부활했던 사회는 '근대 이전의' 세계관을 가지고 있었다. 이러한 사실은 인간의 지각, 해석, 기억 등등에 대한 새로운 통찰들을 이전 시대에 적용하는 일에 있어 걸림돌이 아니다. 짐작컨대, 소크라테스[6]는 인간의 눈의 해부학적 구조를 몰랐을 것이다. 그렇다고 해서 소크라테스가 가지고 있었던 눈의 구조가 오늘날 우리가 눈에 대해 알고 있는 것과 다르지는 않다. 다만 지금 우리는 이렇게 제한적으로나마 소크라테스가 세계를 바라봤던 방식에 대해 소크라테스보다 더 많은 것을 안다.[7]

나는 이 책에서 인간의 지각, 기억 및 역사의 본성을 검토할 것이다. 나는 다음과 같은 물음을 던질 것이다. **우리는 우리가 지각할 것이라고 예상하는 것을 어느 정도까지 지각하는가? 우리가 지각한 것을 기억하**

[5] 나는 실존주의 학자인 루돌프 불트만을 겨냥한 이런 식의 비판을 들어 왔다. "예수와 바울은 실존주의자가 아니다! 그런데 왜 실존주의 철학을 신약성서에 적용하려 하는가?"

[6] 소크라테스(Socrates, 469?-399 BC)는 고대 그리스의 철학자로, 보통 철학의 아버지로 여겨진다. 그는 주로 제자들(예컨대 플라톤)의 글을 통해 알려져 있다. 그는 '젊은이를 타락시켰다'는 이유로 사형 선고를 받았다.

[7] 그러나 우리가 시대착오적인 오만에 빠지기에 앞서, 현대 사회의 대부분의 사람들도 인간의 눈의 구조를 그릴 수 없음을 인정해야 한다. 이는 바로 대부분의 사람들이 자신이 세계를 바라보는 방식이 무엇인지, 왜 그런 방식으로 세계를 바라보는지에 대해, 본인이 아는지 모르는지도 신경 쓰지 않는다는 점을 보여 준다. 이런 종류의 사색은 보통 사치로 여겨진다. 우리는 봄(vision)에 있어 문제를 발견하기 전까지는 그런 문제들을 연구해 온 사람들을 찾지 않는다. 이와 같이, 일반적으로 철학자들은 일반 대중에게 경시되고 있다.

기 위해서 얼마나 많은 창의성이 요구되는가? 나는 이러한 물음들을 질문하면서(그리고 답을 향해 작업하면서) 인간의 경험에 있어 몇몇 공통적인 것에 대한 분석을 시도할 것이다. 고대사와 우리가 이어질 수 있는 최고의 연결점은 인간의 마음에 대한 조사를 통한 것이라는 이탈리아 철학자 지암바티스타 비코(1668-1744)의 제안은 분명 어느 정도 정확할 것이다.[8] 고대인들과 우리 사이에 인간적 경험의 연속성이 있다고 상정하는 것이 위험하지 않다면, 새로운 이론을 이전 시대에 적용하는 것이 정당화된다. 예수와 그의 동시대인들에게 적용하는 것은 더욱 그렇다. 왜냐하면 그들은 우리가 '선사 시대'라 부르는 시대와 우리 사이의 중간쯤에 있기 때문이다.

왜 시도해야 하는가?

이 책의 몇몇 장은 아주 보수적인 신앙을 지닌 독자들을 불편하게 할지도 모른다. 어떤 이들은 예수의 혼이나 예수의 성생활(sexuality) 같은 개념에 당황할 수도 있다. 왜냐하면 예수의 인성을 어느 정도 간과하면서 그분의 신성을 믿고 있기 때문이다. 충격을 주는 것은 내가 의도한 바가 아니다. 나는 예수에 대한 '정통적인' 이해에는 그가 **완전한** 사람

---

[8] 17페이지에 있는 인용문을 보라. G. Vico, *The New Science of Giambattista Vico*, trans. Thomas Goddard Bergin and Max Harold Fisch (Ithaca, NY: Cornell University Press, 1968), p. 331. 『새로운 학문』(동문선, 2003).

이라는 주장이 늘 담겨 있었지만 이것이 역설적으로 보인다는 점을 독자들에게 부드럽게 상기시키고자 한다. 역사가로서 나는 이러한 정통적 입장—예수는 **완전한** 사람이었으며, 따라서 역사적 인물로 분석될 수 있다는 입장—에 동의한다.

 역사적 예수라는 주제는 또한 전통적인 그리스도교에 거부감을 느끼는 이들이 꺼려할 만한 위험 부담도 있다. 이런 독자들은 처음부터 예수에 대해 이의를 품고 있다. 그래서 예수의 인성에 대한 강조를 통하여 그리스도교 신학이 말하는 예수의 위치가 틀린 것으로 드러나길 원한다. 나는 예수의 성생활, 내면의 갈등, 또는 그가 가진 지식의 한계에 대한 연구가 대다수의 그리스도인들을 거스르는 것이 아님을 위와 같은 독자들에게 상기시키고자 한다. 나는 이 책이 적대감을 잠시 괄호로 묶어 두고 공통의 기반을 찾기 위한 좋은 장소가 되길 소망한다. 어쨌든 역사라는 것은 성향을 막론하고 모든 사람들의 재산이다.

 당신이 이 책을 읽고 있다는 사실이 바로 당신이 역사적 인물로서의 예수에 대해 관심을 가지고 있음을 내비치고 있다. 그래서 어쩌면 나는 성가대를 향해 설교를 하고 있는지도 모른다. 그러나 종종 역사적 예수 탐구라는 사업에 반대하는 목소리를 내는 두 가지 도전에 대답할 필요가 있다. 첫 번째 도전(또는 일련의 도전들)은 다음과 같은 것이다.

  역사적 인물로서의 예수 연구를 시도하는 것이 무슨 의미가 있는가? 현대 사회에서도 예수가 적절할 수 있는 이유는 그가 종교적 경험을 통해 개인적으로 알려질 수 있기 때문이다. 예수에게 신앙을 통하여 접근하지 않는 사람은 우리가 최고로 여기는 역사적 문서가 **신앙** 텍스트라는 사실 때문에 막힌다. 그래서 당신은 믿음으로 예수를 받아들이는 쪽이거나, 아니면 역사적 자료들에서 신앙적 요소들을 제거하여 끝내 없애는 쪽일 것이다. 그리스도교가 발생하기 이전의 예수를 연구하려고 하는 것은 그야말로 무의미하다. 우리는 오직 초기 그리스도인들의 증언을 통해서, 또는 그들에 대한 반발을 통해서만 예수에 대해 알 수 있다. 그러므로 역사의 예수(Jesus of history)에 대해서는 거의 알 수 없지만, '예수 그리스도'에 대해서는 알 수 있다. 중요한 것은 **그리스도**로서의 예수이다.[9]

이에 대한 응답으로 신앙에 관한 문서로서의 텍스트와, 동일한 텍스트지만 역사에 관한 문서로서의 텍스트 사이에 선을 그을 필요가 없다고 말해야 한다. 비종교적인 역사적 예수에 도달하려고 시도하는 이들은 현대 역사 철학이 주는 충고를 받아들이지 않는다. 이러한 해석자들은 그리스도교에 적대적이기 때문에 복음에서 종교적인 요소들을 벗겨내는 것이 아니다. 그들이 실력 없는 역사가들이기 때문에 그렇게 하는 것이다.

---

[9] 나는 어떤 신앙적 관점으로 당차게 성서에 접근하는 학자들에게서 이 첫 번째 도전을 가장 많이 듣게 된다. 이러한 집단은 성서 연구가 궁극적으로 교회를 교화하는 경우에만 귀하다고 믿는다. 여기서 나는 이 근저에 놓인 관심을 부추겨야겠다. 성서학과 교회 회중 사이의 간극을 이어줄 다리가 절실히 필요하다. 더 많은 학자들이 이 관계를 심각하게 받아들인다면, 사회적 불평등, 파벌 정치, 종교적 폭력성이라고 할 만한 것으로 성서를 오용하는 경우가 줄어들 수도 있을 것이다. 그래서 나는 이러한 학자들이 교회를 '교화'하는 목표를 향하도록 북돋워야 한다.

나는 또한 예수가 그리스도교의 전유물이 아님을 그리스도인들에게 상기시켜야겠다. 그리스도교의 '신앙 텍스트' 또한 그리스도교회의 전유물이 아니다. 그러한 입장은 역사적 대화에서 그리스도교 바깥의 목소리들을 모두 배제한다. 그와 반대로, 역사적 예수라는 주제는 실제로 신앙 때문에 서로 다르게 나뉜 사람들에게 좋은 만남의 장소를 제공한다. 이 주제는 신앙을 지닌 대부분의 사람들과 전혀 신앙이 없는 사람들 모두에게 여전히 관심을 끌고 있다. 자신이 속한 문화적 맥락 안에서 자신의 신앙을 이해하길 원하는 그리스도인들은 역사적 예수를 더욱 진지하게 여겨야 한다.

두 번째 도전은 다음과 같은 것이다.

> 복음서 **배후에** 있는 역사를 보려 하는 것이 어떤 의미가 있는가? 복음서는 **문학적인** 관점에서 연구되어야 한다. 복음서를 그저 사료로 대하는 것은 복음서가 지닌 문학적인 본연의 모습을 해체하는 것이다.

두 번째 도전에 대한 응답으로, 나는 복음서 배후에 있는 역사를 연구한다고 해서 복음서가 본래 문학적이라는 점이 반드시 약화되지는 않는다고 주장해야 한다. 나는 300년 동안 이어진 '역사 비평'에 불만을 갖게 된 학자들에게서 이러한 도전을 가장 자주 접한다. 이러한 집단은, 복음서에 대한 역사 비평적 접근[10]이 자료의 기원에 대한 인식에 더 관련 있

---

10 역사 비평은 저작 시기, 원저자, 초기의 형태, 후대의 편집 등에 대해 물으며 '텍스트 배후의' 세계에 관심을 갖는다.

다는 점과 역사 비평적 접근에는 책들 전체가 하나의 작품인 측면을 소홀히 하는 경향이 있다는 점을 정확히 보고 있다. 나도 전적으로 동의한다. 그러나 나는 저울의 추가 문학 비평[11]쪽으로 너무 치우쳐졌다고 생각한다. 우리는 마태복음, 마가복음, 누가복음, 요한복음을 문학적 단위들로 연구할 수도 있으며, 또한 이 책들을 역사적 예수에 대한 자료로 사용할 수도 있다. 한쪽 측면이 다른 측면을 폐하지 않는다.

나는 복음서 저자들이 전승을 모았다는 점을 인정하는 것이 문학적 접근에 있어 중요하다고 생각한다. 나는 아마 이 점이 더 중요하지 않나 생각한다. 이 점 때문에, 종종 복음서 저자들은 (자신들에게 예수에 대한 이야기들을 전해 준) 선배들이 소개해 준 세부 사항들을 완전한 형태로 개발하는 데 힘을 쏟지 않았다. 복음서에 언급된 많은 주제들이 충분히 개발되지 않은 상태로 있다. 이를 전혀 인정하지 않는다면, 추가적인 설명이 없이 어떤 주제들을 소개하는 텍스트의 성향 때문에 독자들은 실망할 것이다.[12] 이런 이유로 나는 문학 비평을 지지하면서 역사 비평을 배척하는 것이 현명하지 못하다고 생각한다. 둘 다 성서 연구에 필요하다.

위의 도전들 모두에 대해 마지막으로 하나 더 언급하자면, 예수를 둘러싼 역사적 맥락이 중요한 이유는 그것이 예수의 이름과 말(그리고 이것들과 더불어 오는 권위)이 오용되는 것을 반대하기 위한 유일한

---

11 문학 비평은 주제, 동기, 서사 구조, 인물 묘사 등 '텍스트의' 세계에 관심을 갖는다.

12 이러한 점이 마가복음 12:35-37에서 어떻게 펼쳐지는 지에 대해 논한 나의 책 *The Historio-graphical Jesus* (Waco, TX: Baylor University Press, 2009), pp. 221-58를 살펴보라.

준거점(anchor)이기 때문이다. 예를 들어, 1930년대에 독일 학자들 사이에서 예수가 유대인이었음이 더욱 주목되었다면 좋았을 것이다.[13] 그들이 예수를 초역사적(supra-historical) 인물로 보지 않았더라면, 나치의 반유대주의와 루터 교회가 쉽게 결합하지는 않았을 것이다.

이 책이 다루지 않는 것들

예수가 역사적 인물 그 이상이라는 점은 의심의 여지가 없다. 그는 세계에서 문화적으로 가장 다양한 초상(icon)을 지닌 인물이다. 그는 심리학적인 원형(archetype)이다. 상당수의 사람들에게는 예수가 타락한 종교적/정치적 기득권층을 대표하는 상징이기도 하다. 또 다른 많은 이들에게 예수는 주님이다. 좋든지 나쁘든지 간에, 지금의 예수는 유대 민족 가운데 거닐었을 때의 예수 이상이다.

이 책은 예수가 **현재 어떤 분**인지에 대한 모든 것을 조사하려고 하지는 않을 것이다—나는 주로 예수의 동시대인들이 기억하는 예수에 대해 관심이 있다. 당연히 예수의 역사적 모습과 그가 역사에 미친 영향력은 일부 겹치기도 하고 연속성도 있다. 이 점은 적절한 때에 다룰

---

[13] 루돌프 불트만의 유산에 친숙한 이들은 불트만의 신학과 첫 번째 도전 사이에 어떤 관련성이 있음을 알아볼 것이다. 나는 고인이 된 위대한 신학자에게 최고의 존경을 가지고 있다. 나는 이런 식으로 불트만의 책에 통상 표현된 그의 신학을 풍자하고자 하는 것이 아니다. 나는 나의 책 *The Historiographical Jesus*, pp. 32-39에서 불트만에 대해 더 직접적으로 다루고 있다.

것이지만, 우리는 먼저 다음과 같은 물음에서 시작할 것이다. **예수가 '역사적' 인물이었다는 말이 의미하는 바는 무엇인가?**

이 물음에 온전히 답하는 데에는 시간이 좀 걸리겠지만, 나는 다음과 같은 것이 하나의 좋은 예비적 대답이 된다고 생각한다. 즉, **예수는 시공간 안에서 지각되었고 기억되었다.** 이어지는 내용은 이 점을 풀어 보고자 하는 시도이다.

제1부

우리가 지극히 높은 하늘을 살필 때

하늘은 우리가 따라가기엔 너무 쏜살같이 달려가지

우리가 원자의 중심을 관통할 때

거기에 낯선 무언가가 있음을 발견하지

어떤 것과도 닮지 않은 것을 말야

                                                    피터 메이어

질문 I

완전히 내적인 것일까?

예수의 내면을 연구한다고 말한다면 주제넘어 보일 것이다.
그러나 조금이라도 가치가 있는 다른 방법이 없다.

R. G. 콜링우드(Collingwood)

예수가 결혼한 적이 있을까? 성관계를 맺어본 일은? 예수도 성적인 생각을 했을까? 그에게 젠더가 있지 않았을까? 성은 젠더의 전제조건이 아닌가? 예수에게 성적 정체성이 있었을까?

어쨌든 예수는 어떻게 자신을 의식하고 있었을까? 예수는 자신이 메시아(a messiah)라고 생각했을까? 예수는 자신이 메시아 그 이상이라고 생각했을까? 예수의 어머니는 예수가 하나님**께로부터** 왔다고 생각했을까? 그녀는 이 점을 예수에게 말했을까? 어떤 사람이 어린 아이에게 그렇게 했겠는가?! 예수는 심리적인 혼란을 겪었을까? 사람들은 예수가 미쳤다고 생각했을까?

예수의 가정생활은 아주 은폐된 것이었을까? 예수의 추종자들은 예수에 관한 당황스런 세부 사항들을 비밀로 감추어 두려고 했을까? 예수에 대한 이야기들은 단지 허구일까? 초기 그리스도인들 사이에 있었던 분쟁들을 묘사하고자 지어낸 것은 아닐까? 성서 속에 '역사적인' 이야기들이 벌어졌다면, 우리는 그것을 어떻게 알 수 있을까? 만들어진 이야기로부터 기억된 이야기를 분리해 내는 것이 가능할까?

성서는 예수의 개인적인 목표에 대해 말하는 역사적인 자료를 제공해 주는가? 그는 정말로 축귀사(exorcist)가 되길 원했을까? 예수의 동시대인들은 예수가 하나님의 행동을 일으켜 낼 수 있다고 믿었을까? 초자연적인 행동을? 누군가가 이러한 믿음을 가질 수 있게끔 하는 것은 무엇인가? 당신이 정말 초자연적인 사건을 봤다고 믿게끔 하는 것은 무엇인가? 그것은 정말로 확신의 문제인가? 아니면 그보다 더 원초적인 것—지각하는 이의 마음속에 새겨진 실재에 관한 어떤 원초적인 관념일까?

지각 I
외부로부터 내부를 생각하기

학문(앎)이란 다름 아닌 지각이다.

플라톤(Plato)

이 논의는 다음과 같은 질문으로 시작한다. **사람은 자신의 생각에 어떻게 접근하는가?** 또는 바꿔 말하면, **어떤 사람과 그 사람이 지닌 정신의 내용은 어떤 연관이 있는가?** 질문들이 이어질수록 위 질문이 가장 근본적인 질문 중 하나이다. 우리를 둘러싼 세계—사람들, 사물들, 관념들—와 우리가 맺는 관계는 모두 우리의 생각을 통해 여과된다(filtered). 우리는 자신의 생각—의식적인 것이든 잠재의식적인 것이든—에 기초하여 자신을 제외한 세계와 관계를 맺는다. 그래서 사람들, 사물들, 관념들과 관계를 맺기 위해서 우리는 반드시 어떤 식으로든 우리 자신의 정신의 내용[1]과 관계해야 한다. 그렇다면 여기서 질문은 '**어떤 식으로?**'이다.

나는 이 질문에서 시작할 것이다. 왜냐하면 옛날 옛적에 예수가 어떤 역사적인 영향력을 끼쳤는데, 그의 동시대인들이 이를 **지각**하였기 때문이다. 실제로 예수는 역사적인 인물이 되기 전에도 사람들의 지각 대상이었다. 다른 말로 하면, 사람들은 예수의 행동을 보았고, 그가 하는 말을 들었으며, 그의 손길을 느꼈다. 그러므로 지각이 기능하는 방식에 대해 약간의 이해를 갖는 것이 필수적일 것이다. 애초부터 예수가 끼친 영향력의 본성을 형성한 것이 지각이다.

이 논의에 포스트모던적 관점을 제공하기 위해, 우리는 먼저 근대(모던) 철학의 전형적인 선구자인 르네 데카르트(René Descartes, 1596-1650)와 대화해야 한다. 나는 이 짧은 단락들이 데카르트가 남긴 유산의 핵심을 요약하는 것이 아니라는 점을 언급함으로써 간단히 내 설명의 한계를 그어야 하겠다. 데카르트라는 이름이 친숙하지 않은 사람들이 그의 가장 중요한 생각들을 배우기 위해 다른 곳을 뒤질 필요는 없다.[2] 나는 그의 일반적인

---

1   여기서 나는 명료성의 결핍으로 분석 철학자들에게 죄를 범하고, 외계어를 사용함으로써 그밖에 다른 사람들에게 죄를 범하는 위험을 감수하고 있다. 한편으로, 우리는 생각을 여과장치(a filter)라고 말하는 것이 적절한지, 또는 정신의 내용을 우리가 관계해야 하는 것이라고 말하는 것이 적절한지 의문을 제기해야 한다. 다른 한편으로, 이를 분석하려고 하면 사실상 이 장을 읽기 어려울 것이다. 정신의 내용에 대한 다음의 설명에서, 나는 대부분의 독자들이 '정신의 내용'과 '생각의 범주'를 우리의 머리 안쪽에서 우리 주위의 세계에 대한 이해를 돕는 것으로 연상할 것이라고 추정하며 글을 쓴다. 또한 나는 그러한 용어들이 '새로운 상황에서 옛 언어를 사용'(paleonymic language)하는 예라는 것도 인정한다. 언어는 종종 오래된 세계관들을 현대적인 담화로 불러들인다. 예를 들어, '해돋이'라는 말을 사용할 때, 아주 소수의 현대인들만이 해가 위로 솟는다고 생각한다. 우리는 태양이 지구 위로 '돋는' 것이 아님을 알고 있다. 그러나 이러한 언어는 여전히 남아 있으며(이는 새로운 맥락에서 옛 언어를 사용하는 것이다), 계속 유용하다.

2   데카르트에 대해 배우기 위한 좋은 출발점 중 하나는 Stanford Encyclopedia of Philosophy에 실린 데카르트의 생애와 작품 소개이다. http://plato.stanford.edu/entries/descartes-works/

영향에 대해 소개하지는 않을 것이다. 그 대신 나는 데카르트가 옹호한 한 가지 개념—마음의 눈—에서 시작할 것이다.

대부분의 철학자들(고대와 현대 모두)과 마찬가지로, 데카르트는 자기 자신의 사상을 다른 무엇보다도 소크라테스 및 플라톤의 사상과 저울질해 보았다. 플라톤(427?-348 BC)은 인간 마음의 내용(지식/학문)이 '지각의 보존'을 통해 기억된다고 가르쳤다.[3] 플라톤의 스승인 소크라테스는 이를 다음과 같이 시각적으로 표현하였다. "우리가 인장 반지로 자국을 찍어내는 것과 마찬가지라네. 인장 자국이 찍힌 것이 무엇이든, 그 상(像)이 남아 있는 한 우리는 그것을 기억하고 안다네."[4] 이렇게 눈이 물리적 대상을 보는 식으로 정신의 **이미지를 본다**는 개념은 후대에 전해졌다. 근대기의 여명에 데카르트는 이러한 모형을 물려받았다.

이제는 시각화가 인간 마음의 중요한 기능이라는 점에 대해 의심의 여지가 있을 수 없다. 나는 우리의 생각을 '본다'는 은유에 대해 동의한다. 그러나 이 과정이 지나치게 단순화되면, 우리는 문제에 부딪힌다. 우리의 마음은 어떤 단 하나의 은유로 포착될 수 없는 복잡한 것이다. 나는 이 점에 대한 지나친 단순화가 데카르트가 범했던 잘못이라고 생각한다.

데카르트는 사람들이 자신들의 생각과 꽤 단순한(또는 직접적인) 관계를 갖는다고 믿었다. 데카르트는 [무언가를] 바라봄으로써 지각할 수 있

3 Plato's *Philebus*, Loeb edition, trans. Harold North Fowler (Cambridge, MA: Harvard University Press, 1952), here 34A, 35A-D, 39A. 『필레보스』(이기백 옮김, 이제이북스, 2015).

4 Plato's *Theaetetus*, Loeb edition, trans. Harold North Fowler (Cambridge, MA: Harvard University Press, 1952), here 191D, 193C. 『테아이테토스』(정준영 옮김, 이제이북스, 2013). 나는 이 인용구에 대해 톰 대처(Tom Thatcher)에게 감사를 표한다.

는 것과 동일한 방식으로(본다는 것은 직접적이고, 단순하며, 즉각적인 감각 작용으로 여겨졌다) 사람들이 자신의 생각에 접근할 수 있는 능력이 있다고 믿었다.[5] 데카르트는 사람이 그 자신의 생각에 관계하는 능력에 오류가 없다고 믿었다. 선입견과 같은 판단 미스나 신체 감각에 대한 지나친 의존 때문에 오류가 있을 수 있다는 점은 인정하였다. 그러나 데카르트는 그러한 것들을 법칙에서 예외적인 것으로 간주하였다. 그의 '법칙'은 당신이 마음 안으로 들어가는 맨 앞자리에 앉아 있어서 당신이 마음의 내용을 단순하고 분명하게 '볼' 수 있다는 것이다.

철학자 버트런드 러셀(Bertrand Russell, 1872-1970)은 데카르트의 생각에 대부분 동의하며, 이러한 생각에서 더 나아갔다. 러셀은 사람이 그 자신의 생각에 직접적으로 관계하며, 그 관계는 오류가 없고 관점에 따라 달라지지도 않는다고 논증하였다. 즉, 당신과 당신의 생각 사이에는 장애물도, 여과 장치도, 렌즈도 없다는 의미다. 달리 말하자면, 내적관찰(introspective)에는 관점(perspective)이 필요 없다.

러셀은 또한 사람이 어떤 외부 세계의 영향도 없이 '추측'하거나 '판단'할 수 있다고 생각했다. 당신은 이러한 모형이 지닌 문제점들을 즉시 인지할 수도 있을 것이다. 그러나 데카르트나 러셀을 너무 빨리 일축하지 말고, 그 전에 정신의 내용을 데카르트나 러셀처럼 기술하는 것에도 타당한 이유가 있는지 생각해 보자.

---

[5] 사실 데카르트는 사람이 자신의 생각에 접근하는 행위가 무언가를 보는 행위보다 더 믿을 만하다고 생각했다. 이러한 가정은 나중에 경험론 철학의 도전을 받는다. 경험론 철학은 추상적인 사고로 얻은 지식보다 감각 지각으로 얻을 수 있는 지식을 강조하였다.

고통이라는 경험으로 예를 들어 보자. 당신이 고통을 경험하고 있을 때, 당신은 "나는 여기가 아프다고 **생각해**"라고 말하지 않는다. 당연히 당신은 "여기가 아프네"라고 말한다. 보아하니, 사람들은 자신이 아픈지 안 아픈지에 **대해 생각할** 필요가 없다—아픈 건 그냥 아픈 것이다. 고통이라는 경험과 관련된 생각은 전부 즉각적이며 '관점'이 필요치 않(아 보인)다.

이 추론 과정은 직관적으로 보일 것이다. 그러나 얼마 지나지 않아 여기서 문제가 발견될 것이다. 사람들이 고통을 다루기 위해서는 고통을 **해석해야** 하기 때문이다. 다음과 같이 고통에 대한 더 구체적인 예가 유용할 것이다.

어떤 사람이 끔찍한 사고를 당하는 것을 생각해 보자. 우리는 이 사람을 제이슨이라고 부를 것이다. 제이슨은 중년의 위기를 맞아서 빨간 오픈카를 사서 날아다녔다. 제이슨이 사고로 발가락이 으스러지고 의식을 잃었다고 생각해 보자. 제이슨은 병원에 실려 갔고, 의사는 제이슨의 양 발의 대부분을 절단해야 했다. 마침내 제이슨이 의식을 되찾고 소리쳤다. "맙소사, 아파 죽겠네. 복통도 있고, 턱도 따갑고, 발가락도 아파."

제이슨이 자신의 '발가락'에 대해 언급하지 않았더라면, 그의 착오를 정정해 줄 이유가 없다. 그러나 "제이슨님, 유감이지만 제이슨님 턱이 따갑다는 것은 그저 당신의 **생각**일 뿐입니다"라는 식의 태도로 환자를 대하는 의사는 없을 것이다. 또한 "제이슨님은 어리석게도 헷갈리고 있네요! 사람은 자신의 정신의 내용과 관계를 갖는데요, 제이스님은 그

관계 때문에 그걸 복통으로 **해석하고** 있다고 말하는 것이 더 정확할 겁니다"라고 말하는 의사가 제발 없기를 바란다. 우리는 우리 정신의 내용(이 경우에는 고통)을 이런 식으로 가볍게 여기지 않는다. 설사 그렇게 생각했다 하더라도, 말로 내뱉으면 막돼먹은 짓이 된다. 누구도 상황을 더 복잡하게 만드는 것을 반기지 않는다! 그럼에도 의사는 제이슨과 그의 '발가락 고통'의 관계에 대해 이와 비슷한 어떤 내용을 말해주어야 한다.

> "
> (…) 정신의 내용에 관한 생각, 느낌, 개념이
> 해석 없이 사람에게 그대로 드러나는 일은 없다.
> "

의사는 제이슨에게 그가 실제 느끼고 있는 것이 절단 수술을 받은 환자들에게 나타나는 '환상통'이라고 말해 주어야 한다. 제이슨은 이제 발가락이 없기 때문에 발가락에서 고통을 경험할 수 없다. 그럼에도 여전히 그의 신경의 말단에서는 고통이라는 신호를 보내고 있기 때문에, 그의 두뇌는 그 신호를 발가락 고통으로 해석하고 있는 것이다. 그래서 의사는 "제이슨님, 당신은 당신의 발가락이 아프다고 그저 **생각**하는 것입니다…."라고 설명해야 한다. 의사는 제이슨이 자신의 고통을 정확하게 해석할 수 있도록 인간의 해부학적 구조에 관한 것을 가르쳐 주어야 한다. 이제 제이슨과 의사의 관계가 제이슨이 느끼고 있는 고통 경험의 지침이 되고 있다. 이 의사는 제이슨 외부의 존재, 즉 제이슨 마음 바깥 세계의 일원이다. 실제로 제이슨의 생각-세계는 애초부터 바깥 세계에 의해 인도되고 있었지만, 제이슨은 자신의 촉각을 해석하기 위한 도움의 필요성을 느끼기 전에는 이 점을 고려해 보지 않았다. 생각의 과정은 대부분 직관적인 것처럼 보이지만, 제이슨의 상황은 모든 지각의 배후에는 훨씬 더 복잡한 실재가 있음을 보여 주고 있다.

내가 말하고자 하는 요지는 **사람들이 자신의 생각을 신뢰해서는 안 된다는 말이 아니다. 내가 말하고자 하는 바는 모든 생각(의식적이든 잠재의식적이든)이 해석의 결과이며 또한 외부 세계—타인, 사물, 관념—와 어떤 관련이 있다는 점이다.** 제이슨의 신경이 그의 뇌에게 거짓말을 하고 있었다는 것이 아니다. 개략적으로 말하자면, 제이슨의 두뇌는 고통이 있을 때마다 동일한 방식으로 제이슨의 신경 신호와 소통한다. 제이슨은 자신의 턱의 통증이나 복통을 불신할 이유가 없었다. 발가락의 경우는 제이슨이 경험하고 있었던 식의 고통을 판단하기 위한 사전의 준거 틀도 없이 일어난 일이었다. 따라서 제이슨의 정신의 내용이 '발가락 통증'으로 분류되었다—그것이 두뇌가 가지고 있었던 가장 근접한 준거 틀이었다.

데카르트 및 러셀의 생각과는 반대로, 정신의 내용에 대한 생각, 느낌, 개념이 아무런 해석 없이 사람에게 그 자체로 나타나는 경우는 없다. 우리에게 가장 '직접적'이고 '즉각적'인 형태의 생각조차도 이를 이해하기 위해서는 범주화되어야 한다. 그리고 실제로 이러한 해석(인식 범주를 통한 해석)은 대부분 잠재의식적인 수준에서 일어난다.

문화적 초점 A : 예수는 유대인이었다

우리가 알고 있는 예수에 대한 이야기의 대부분은 그리스도인들이 신약이라고 부르는 성서에서 나온 것이다. 신약성서는 이야기와 편지, 그리고 대부분의 경전에서 마지막 사분의 일을 구성하는 비전의 모음이다. 신약성서의 몇몇 책들은 예수가 죽은 뒤 15년 정도 지난 이른 시기에 쓴 것이다. 그리고 몇몇 자료들은 100년 정도 지난 늦은 시기에 쓴 것이다.

자주 간과되는 사실은 아주 종교적인 유대인들이 신약성서의 대부분을 썼다는 점이다. 몇몇 예외도 있겠지만, 신약성서에서 대부분의 책들은 유대인들이 썼고, 유대인들을 위해 썼으며, 유대교 신학의 문제들에 관해 썼다는 것이다. 이는 최초로 예수를 따랐던 사람들, 최초로 예수의 말을 들었던 사람들, 예수의 첫 대적들, 그리고 첫 신자들과 첫 거부자들(skeptics)이 유대민족이었기 때문이다. 그래서 예수의 말을 이해하려면, 우리는 예수와 동시대인들이 예수의 말을 들었던 것처럼 들으려고 해야 한다. 우리는 그러한 맥락 속에서 예수가 의도한 대로 예수를 이해하려고 해야 한다. 아마 예수를 보았던 무리들은 제각기 다른 방식으로 그의 말을 듣고 그를 보았을 것이다. 그러나 그들 모두에게 공통된 것은 특정한 문화이다. 그리고 예수가 활동했던 당시의 맥락에서 문화와 종교는 좀처럼 분리되지 않는다.

예를 들면, 예수가 잘 알려지기 전에 그는 요한이라는 유명한 선생에게 세례를 받는다. 지금 우리의 맥락에서의 세례는 개종의 행위이다. 그러나 그 당시의 맥락에서 세례는 정화 의식이었다. 세례는 이스라엘의 하나님을 예배하기 위해 사람들을 준비 시키려는 것이었다. 예수는 유대인이었고, 개종한 적이 없었다.

철학자 타일러 버지(Tyler Burge)는 정신의 내용이 각 사람과 외부 세계의 관계에 의존한다고 주장하였다. 우리는 우리 주위의 사물, 사람, 관념으로부터 우리의 범주들을 가져온다. 버지의 입장은 **외재주의**(Externalism) 내지, 그가 데카르트의 개인주의적 입장을 몹시 반대했기 때문에 **반개인주의**(Anti-Individualism)로 알려져 있다. 분석철학자들 사이에서 버지의 입장은 이 문제에 관한 지배적인 입장이 되었다.

나는 잉글랜드에서 박사 과정을 밟았다. 여기에는 두 가지 교육이 요구되었는데, 하나는 신학에 대한 것이고 다른 하나는 영국 문화에 대한 것이었다. 그리고 아마도 디저트를 어떻게 부르는지가 어떤 문화를 배울 때 가장 중요한 것이 아닐까 싶다. 잉글랜드에서는 디저트를 '푸딩'이라고 부른다. 디저트가 케이크든, 파이나 트러플이든, 초코파이든 상관없이 그렇게 부른다. '푸딩'은 식사에서 주요리 다음에 나오는 달콤한 것을 가리키는 포괄적인 단어이다. 이는 정신의 내용에 관한 내 논의와 관련된 것이다. 왜냐하면 이러한 문화적 범주로 인해 흥미로운 문제가 발생하기 때문이다.

미국인들에게 '푸딩'은 훨씬 더 좁은 범주다. 미국에서 푸딩은 젤리 같은 것이다. 보통 푸딩은 숟가락으로 먹는다. 푸딩은 거의 대부분 초콜릿이나, 바닐라, 버터스카치, 타피오카이다. 푸딩은 빌 코스비(Bill Cosby)가 광고하는 것이다. 블랙베리 토핑이 얹어진 초콜릿 케이크는 푸딩이 **아니다**. 나는 미국에서 블랙베리 초코케이크를 주문한 다음 푸딩을 받게 되리라고 **생각하지** 않는다. 반면에 영국 여왕이 블랙베리 초코케이크를 주문한다면, 여왕은 자신이 '푸딩'을 받게 되리라고 생각할 것이다. 왜냐하면 여왕에게 블랙베리 초코케이크는 '푸딩'이기 때문이다. 여기서 요지는 생각의 특징이 외부 환경과의 관계에 달려 있다는 점이다. 이미 말했던 바와 같이, 이것은 철학자들이 **외재주의** 또는 **반개인주의**라고 부르는 것이다.

당신이 어떤 개별 사물(예를 들어, 푸딩)에 대해 생각할 때, 당신은 그 개별 사물을 그 밖의 다른 정신적 범주들과 구별해야 한다. 이는 철학자들이 **개별화**(Individuation)라고 부르는 것이다. 미국에 있을 때, 나는 내 인식에서 파이를 푸딩과 구별한다(individuate). 그러나 영국에 있을 때는 파이를 '푸딩'으로 인식한다. 반개인주의에 대해 논증하는 것은 단순히 단어들이 다양한 문맥에 따라 의미가 달라진다고 말하는 것이 아니다. 반개인주의는 사람들의 생각이 외부 세계(즉, 마음 바깥의 세계)와의 관계에 의존한다는 발상이다.

지금까지 나는 생각과 해석 사이의 필연적 관계를 강조하려고 하였다. 생각이라는 행위가 해석을 요구한다는 점은 분명하다. 모든 지각은 반드시 지각과는 별개이면서 동시에 익숙한 생각의 범주에 의해 해석된다.

> "
> (…) 생각이라는 행위에는 해석이 요구된다.
> "

제이슨의 고통에 대한 묘사는 촉각에 의한 지각의 예다. 또 다른 지각의 예를 살펴보자. 이번에는 시각적 인지에 의한 지각의 예다. 일전에 나의 어머니가 "생각 실험"이라는 이메일을 나에게 보냈다. 그 이메일은 대량 메일 형태로 보내진 것이다(나는 보통 이런 이메일을 곧바로 지우는데, 다행히 이번에는 읽었다). 그 이메일은 다음과 같다.

> 케임리브지 대학의 연결구과에 따르면, 한 단어 안에서 글자의 배순열서는 중하요지 않고, 오직 첫 글자와 마지막 글자가 올바른 위치에 있는지 여만부이 중하요다. 나머지 글들자은 완전히 엉진창망으로 배되열어 있라더도 당신은 아무런 문없제이 이를 읽을 수 있다. 왜냐하면 인간의 두뇌는 모든 글들자을 하나씩 읽는 것이 아니라 단어 하나를 전체로 인하식기 때이문다.

외부로부터 내부를 생각하기 | 45

위 문단은 생각의 범주가 가진 본질적인 기능을 적절하게 보여 준다. 위 예에서, 우리는 언어 속에 나타난 생각의 범주들을 다루고 있다. 만약 당신이 위 문단을 성공적으로 읽을 수 있었다면, 그것은 당신이 각 단어에 해석을 투영할 수 있었기 때문이다. 당신은 타이핑된 원본에서 벗어난 해석을 투영할 수 있었던 것이다. '문없제이'라는 단어에는 고유한 의미가 없다. 그러나 주어진 문맥 안에서는 '문제없이'라는 단어가 가장 적합해 보인다. 따라서 영어(한국어)에 유창한 독자는 의미를 이해하기 위해서 무의미한 단어에 이렇게 익숙한 단어를 투영한다.

이러한 사례는 단어가 익숙한 생각의 범주를 표현하는 경우에만 가능하다. 예를 들어 위의 문단에서는 이 연구를 'Cmabirgde Uinervtisy'(케임리브지대학)의 업적으로 돌린다. 그러나 사실 이 연구는 'Uinervtisy of Ntgahintom'(노엄팅대학)에서 먼저 했던 것이다.[6] 만약 당신이 영국 출신이 아니라면, 'Ntgahintom'이란 단어가 더 이상하게 보였을 것이다. 왜냐하면 University of Nottingham(노팅엄대학)이 영국 바깥에서는 잘 알려지지 않은 기관이기 때문이다.[7] 그러나 거의 모든 사람이 케임브리지

---

[6] G. E. Rawlinson, "The Significance of Letter Position in Word Recognition," Ph.D. thesis, University of Nottingham, Psychology Department, 1976. 롤린슨은 "단어 중간의 글자들을 무작위로 배열하는 것은 숙련된 독자들이 본문을 이해하는 능력에 거의 또는 전혀 영향을 미치지 않는다. 실제로 어떤 사람이 A4용지의 글을 속독하면서 4-5개의 오류만 알아챘다."라고 썼다. 이 요약본은 http://www.newscientist.com/article.ns?id=mg16221887.600(오른쪽 위 QR)에서 볼 수 있으며, 인쇄본은 New Scientist (29 May 1999)를 보면 된다. 또한 그의 작업 및 연관 작업을 더 상세히 요약한 것을 보고 싶으면, www.mrc-cbu.cam.ac.uk/~mattd/Cmabrigde/rawlinson.html(왼쪽 아래 QR)를 보라.

[7] 나는 노팅엄에 있는 좋은 사람들에게 폐를 끼치려는 의도가 전혀 없다. 나도 더럼대학교를 졸업했기에, 한 대학의 질을 유명세로 측정해서는 안 된다는 점을 잘 알고 있다.

라는 말을 들어 보았기 때문에, '케임리브지'라는 단어는 이러한 익숙한 생각의 범주를 떠올리게 한다. 간단히 말하면, 케임브리지는 노팅엄보다 대부분의 사람들에게 더 익숙한 생각의 범주이다.

바로 위와 같은 이유로, 이 이메일을 보낸 사람이 의도적으로 노팅엄을 케임브리지로 바꾸었는지 여부가 궁금할 수도 있다. 어쨌든지 간에, 위 예는 더 나아가 나의 요지를 보여 준다. 즉, 지각이 익숙한 생각의 범주를 통해 여과된다는(filtered) 점이다. 실제로, 정신적 범주화의 틀이 미리 준비되어 있어야 해석이 가능하다.

지각이란 자료를 받아들이는 단순한 행위가 아니다.[8] 당신이 이전에 경험했던 것—우리가 흔히 '기억'이라고 부르는 것—에 대한 지각이 지금 당신이 지각하는 것을 (적어도 어느 정도는) 형성한다. 다음 장에서는 기억에 대해, 즉 기억이 무엇인지, 기억은 어떻게 작동하는지, 역사적 예수를 조사함에 있어서 기억이 왜 중요한지에 대해 논할 것이다.

더 진행하기 전에, 나는 한 가지 점을 가능한 분명히 해야겠다. 내가 여기서 논한 것처럼 지각이 해석을 요구한다면, 이러한 점이 터무니없는 두 극단 사이에서 역사가를 인도해 줄 것이다. 한편에는 법정의 기록물과 비슷한 것을 복음서에 기대하는 사람들이 많이 있다. 이런 사람들에게는 성서의 예수가 곧 역사적 예수이다. 따라서 해석이 적게 개입될수록 더 좋다. 반대편에는 복음서에 허구적 요소들이 있다고 인지하며, 복음서들이 모조리 발명품이라고 결론짓는 많은 사람들이 있다. 이

---

8 이 논의에 대해 더 깊이 알고 싶으면, 제2부의 지각II로 넘어가도 된다.

런 사람들에게는 복음서가 법정의 기록물 같은 것이 아니므로, 반드시 허구이다. 두 관점 모두 지각을 기억하는 일이 단순하고 직접적인 행위라는 가정을 담고 있다. 그래서 지각의 특징을 대충 이해하고 넘어가면 양 극단으로 치우치게 된다. 예수에 대한 최초의 지각은 예수 시대의 역사적 맥락이 안고 있는 고유의 제약들과 외부의 자극들에 의해 형성된 것이다.

더 읽어볼 만한 책들

Tyler Burge. *Externalism and Self-Knowledge*. Edited by Peter Ludlow and Norah Martin. Center for the Study of Language and Information, 1998.

Michael O'Shea. *The Brain: A Very Short Introduction*. Oxford: Oxford University Press, 2005.

기억 I
가족 문제

어떤 경우에는 망각이 중단된다.

프리드리히 니체(Friedrich Nietzsche, 1844-1900)

나는 많은 사람들이 역사의 본성을 오해한다고 확신하는데, 왜냐하면 사람들이 기억이 작동하는 방식을 별로 잘 인식하고 있지 않기 때문이다. '**역사란 무엇인가?**'라는 물음에 관심이 있는 사람이라면 개인과 집단이 과거를 기억하는 방식에 대해 어떤 설명을 내놓아야 한다. 그래서 역사적 예수에 대해 관심 있는 사람이 먼저 물어야 할 질문은 '예수가 어떻게 기억되었는가?'이다. 나는 이 점을 유념하면서 인간 기억의 본성에 대해 살펴보는 시간을 가질 것이다.

나는 기억에 대해 제대로 인식하기 위해, 맨 먼저 기억 그 자체가 규칙의 예외라고 상정할 것이다. 니체가 지적한 것처럼, 우리는 망각의 성향이 있다. 우리는 많은 것을 잊는다. 우리는 기억하는 것 이상으로 많은 것을 잊는다. 대부분의 이야기, 이름, 사실, 진리, 세부 사항은 그저 시간이라는 강을 따라 망각으로 흘러들어 간다.

그러나 이렇게 흘러가는 현재 가운데, 이따금씩 누군가의 이야기 중 한 조각이 잡혀서 기억된다. 우리가 손으로 물을 잡을 수 없는 것처럼, 과거를 잡는 일은 불가능하다. 흘러가는 현재에서 우리가 '구해낸'(save〔저장한〕) 것은 과거가 아니다. 과거와는 다른 것이다. 과거는 보존될 수 없다. 젖은 손바닥에 남아 있는 것은 이전에 손바닥에 있었던 것의 흔적이다. 기억은 과거가 남긴 인상(impression〔흔적〕)이지, 과거의 저장이 아니다. 우리는 기억 속에서 과거를 재-경험하는 것이 아니다. 우리가 경험하는 것은 과거가 남긴 강한 영향(impact)이다.

이 점을 단단히 붙잡는 것이 절대적으로 중요한데, 왜냐하면 적어도 무언가 기억되려면, 그것은 인상이나 강한 영향 같은 것을 남겨야 하기 때문이다. 달리 말하면, 잊히지 않을 만한 어떤 이유가 있어야 한다. 만약 이야기, 세부 사항, 사실 등이 우리의 지각에 강한 영향을 주지 않았다면, 그것은 그저 알 수 없는 과거로 잊힐 것이다. 이 점을 아래에서 다시 논할 것이다.

이제, 당신이 여기까지 내 논의를 따라왔다면, 당신은 지각이 해석을 요구한다는 내 주장을 상기할 것이다. 지각이 해석을 요구하고 기억이 지각을 요구한다면, 기억은 하나의 해석 과정이다. 더 논리적인 모양을 원한다면, 다음과 같은 식으로 나타낼 수 있다.

전제1: 기억은 지각을 요구한다.

전제2: 지각은 해석을 요구한다.

결론: 따라서, 기억은 해석을 요구한다.

기억한다는 것은 그저 자료를 복원하는 것이 아니다. 우리의 마음은 과거에 대한 정보를 수동적으로 저장하지 않는다. 무언가가 기억되려면, 변화무쌍한 현재에 의해 해석되고 재해석되어야 한다. 당신의 마음에서 무엇보다 제일 중요한 우선순위는 현재다. 이는 당신의 기억들이 언제나 적극적으로 현재의 필요를 위해 봉사한다는 의미이다. 마음으로 가져온 기억들은 모두 이러한 필요에 의해 채색된다. 기억은 지금 우리 마음속에서 일어나고 있는 것이다. 우리는 현재 우리 마음의 상태가 요구하는 필요에 따라서 이야기, 세부 사항, 사실 등을 기억한다.

> 기억은 과거를 저장하는 것이 아니다—다만 과거가 현재에 영향을 미쳐 온 방식을 지각할 수 있을 뿐이다.

고인이 된 위대한 배우 폴 뉴먼(Paul Newman)에 대해 생각해 보자. 우리가 폴 뉴먼에 대해 생각할 때, 우리는 우리 마음에 폴 뉴먼의 본질을 담고 있는 것이 아니다. 우리는 어떤 식으로도 폴 뉴먼이라는 사람이나 그의 현존을 관찰할 수 없다. 우리가 《폭력 탈옥》(Cool Hand Luke)이란 영화를 다시 보거나 샐러드 드레싱 라벨에 있는 그의 얼굴을 볼 때, 그것은 폴 뉴먼이라는 사람을 떠올리는 것이 아니라, 폴 뉴먼이라는 사람에 대한 인상을 떠올리는 것일 뿐이다. 우리가 그를 떠올릴 때 우리가 느끼는 것은 그가 현재의 우리에게 미친 영향이다. 재차 말하자면, 기억은 과거를 저장하는 것이 아니라―다만 과거가 현재에 영향을 미쳐 온 방식을 지각할 수 있을 뿐이다.

기억에 대한 올바른 이해의 세 번째 항목은 기억의 해석이 (적어도 부분적으로는) 외부 세계에 의해 결정된다는 점이다. 이전 장에서 나는 심리철학의 특정 주제(반개인주의)를 설명하기 위해 '푸딩'과 관련하여 이야기하였다. 당신이 기억하는 것처럼 '푸딩'은 잉글랜드에서 모든 종류의 디저트를 포괄하는 이름이다. 이는 미국인들이 푸딩에 대해 생각하는 방식과 대조된다―미국인들에게 푸딩은 달콤하고 쫀득거리며 젤리 같은 것으로, 숟가락으로 떠먹는 것이다. 영국에서 '푸딩'은 일반적으로 디저트와 동의어이다.

이는 영국인들이 숟가락으로 떠먹는 달콤하고 쫀득거리며 젤리 같은 것을 먹지 않는다는 말이 아니다. 영국인도 먹고, 아주 맛있어 한다. 사실 그것도 영국인들이 '푸딩'이라고 부른다. 우리는 이제 반개인주의자들에게 잘 알려진 사고 실험을 검토해야 하는 입장에 서 있다.

어떤 소년이 유년 시절의 대부분을 캘리포니아에서 보냈다고 상상해 보라(그의 이름을 마크라고 부르자). 이따금 마크의 어머니는 저녁을 먹은 후 초코땅콩버터 밀크셰이크를 먹으러 마크를 데리고 나간다. 마크는 유년 시절에 이것을 '푸딩'이라고 불러야 하는지 한 번도 고민해

본 적이 없다. 이 상황에서 초코땅콩버터 밀크셰이크를 '푸딩'으로 생각한다면 부정확할 것이다. 실제로 마크가 그것을 '푸딩'이라고 불렀다면, 그가 살던 곳에서는 아무도 그렇게 부르는 것을 이해하지 못했을 것이다. 마크 외부의 환경에서 밀크셰이크는 절대 '푸딩'으로 분류되지 않는다. 이와 같이 초코땅콩버터 밀크셰이크에 대한 마크의 지각은 마크가 살고 있는 사회적 환경에 따른 것이다.

어린 마크가 자랐다. 마크는 인터넷에서 다른 소녀와 만났는데, 그 소녀와 가까워지기 위해 영국으로 이사 가기로 결정했다. 마크는 그녀와 결혼했고 함께 늙어 간다. 이런 시간들 동안 마크는 영국식 명명법에 능숙해졌다. 그는 ('차를 임대하다'가 아닌) '차를 빌리다'라고 말하는 법을 배웠다. 그는 ('내 핸드폰으로 전화해'가 아닌) '내 휴대 전화로 걸어'라고 말하는 법을 배웠다. 그리고 당연히 마크는 ('디저트'라고 말하지 않고) '푸딩'이라고 말하는 법을 배웠다.

어느 날 저녁 마크와 그의 아내는 친구네 집에서 근사한 '저녁'을 먹었다. 이 친구는 식사 후에 깜짝 선물로 초코땅콩버터 밀크셰이크(대부분의 영국인들이 잘 모르는 음식이다)로 만들어진 '푸딩'을 마크에게 가져다주었다. 마크는 맛을 보더니 이렇게 말했다. "어릴 땐 이런 푸딩을 많이 먹었었는데, 그때 이후론 처음 먹어봐!" 마크는 이 특별한 것을 맛봄으로써 저녁 식사 후에 어머니와 함께 푸딩을 먹었던 어린 시절의 모든 것이 떠올랐다. **그리고 마크는 자신이 어릴 때 먹었던 이 특식을 무심결에 '푸딩'으로 기억하고 있었다는 사실에 대해 전혀 생각해 보지 않았다.** 식사 후에 먹는 달콤한 음식을 푸딩이라고 생각하는 마크가 이

런 식으로 기억하는 것은 그에게 아주 자연스러운 일이었다.[1]

만약 당신이 장기간 다른 문화권에서 생활한 경험이 있다면, 이런 시나리오를 상상하는 것이 어렵지 않을 것이다. 우리의 기억을 형성하는 것은 우리 바깥의 주변 환경이다. 우리는 거의 대개 이러한 미세한 변천을 전혀 인식하지 않고 산다. 이것은 좋은 일이다. 만약 우리의 기억이 극적인 변천을 겪는다면, 혼란스러울 수 있기 때문이다. 만약 내가 어느날 아침 일어났는데 문손잡이라는 말을 잊어버렸다면, 좌절감을 느낄 것이다. 이런 일은 나의 할아버지가 만년에 자주 겪었던 일이다. 할아버지는 말을 하던 중 지난 평생 알고 있었던 단어가 기억이 나지 않아서 문장 중간에 멈췄다. 이는 우리가 마크의 푸딩 사례에서 봤던 식의 기억 변천이 아니라는 점을 이해하는 것이 중요하다. 마크의 사례에서, 그리고 대부분의 경우 기억의 범주는 미세하게 바뀐다(기억의 핵심은 동일하지만, 기억이 범주화되는 방식은 바뀐다는 점을 주목하라). 이러한 미

---

[1] 나는 여기에서 잘 알려진 반개인주의에 대한 사고 실험을 각색하였다. 그것은 지구에서 "쌍둥이-지구"로 불리는 평행한 실재로 이주한 남성에 대한 것이다. 쌍둥이-지구는 지구와 모든 면에서 정확히 일치한다. 단, 물은 예외다. 쌍둥이-지구에는 지구의 H2O와 생김새, 맛, 감촉이 똑같은 실체가 있는데 물은 아니다. 쌍둥이 지구에는 물 대신 쌍둥이-물 내지 '쌍물'이 있다. 쌍둥이 지구로 이주한 남성에게는 쌍둥이 지구에 물이 없다고 생각할 만한 실마리가 없기 때문에, 그가 이제까지 살면서 물로 알았던 것과 '쌍물'이 다른 실체라고 믿을 만한 아무런 이유가 없었다. 실제로 그 남성은 그가 전에 지구에 살면서 마시고, 씻고, 수영했던 H2O에 대한 경험을 '쌍물'이라는 렌즈를 통해 기억한다. 그리고 그는 자신의 기억이 쌍물이라는 새로운 경험에 의해 재형성되었다는 점을 알지 못한다.
심리철학을 잘 알고 있는 사람들에게는 이런 식의 사고 실험이 새로울 게 없다. 이런 설명과 관련하여 평행 세계라든지 사악한 마법사가 자주 등장한다. 철학을 잘 모르는 사람들에게 이러한 공상과학적 예들은 비현실적이고 이질적으로 보일 수 있다. 이는 내가 보다 일상적인 설명을 선택한 이유이다.

[2] 이 점에 대한 더 자세한 내용은 Bruce Chilton, *Rabbi Jesus: An Intimate Biography* (New York: Image/Doubleday, 2000), 1장에서 볼 수 있다.

세한 범주의 변천이 일어나기 때문에, 우리의 마음이 늘 변화하는 외부 환경에 적절하게 상응할 수 있는 것이다. 그러나 미세하든 아니든 간에, 내 요지는 대개 외부에서 일어나는 일이 우리의 기억을 불러일으키기 때문에, 우리의 기억이 우리 외부의 환경에 계속 맞춰져야 한다는 점이다. 익숙한 맛, 냄새, 광경은 우리의 기억을 불러일으킨다. 대화, 이야기, 질문과 같은 사회적 환경 또한 기억을 불러일으킨다.

문화적 초점 B : 맘제르

맘제르는 경멸적인 고대어로 지금은 이디시어(Yiddish)에 남아 있다. 이에 상응하는 영단어는 '사생아'(bastard)이다. 결혼 안에서와 마찬가지로 결혼 바깥에서도 아이가 태어날 수 있다고 생각하는 현대 미국에서는 법외출생(illegitimacy)이라는 개념이 반드시 스캔들이 되지는 않는다. 그러나 예수가 살던 시대에 맘제르로 불린다는 것은 심각한 비난이었으며 몹시 나쁜 함축을 지닌 것이었다. 수많은 예수와 동시대인들은 예수의 사상에 의혹을 품었을 것이다.[2] 요한복음 8:41에서 예수의 대적들은 예수가 '간통으로 태어났다'는 암시를 내비친다. 후대의 유대 자료에서는 로마 병사가 마리아를 강간하였다고 말한다. 군인들이 점령한 곳에서 이런 일은 드문 일이 아니다. 게다가 예수가 외국인이라는 비난을 받은 꽤 많은 증거가 있다—그는 비유대민족의 관심사에 지나치게 동조하였다.

마태는 예수의 아버지의 계보를 추적하는 것으로 이야기를 시작한다. 그러나 마태는 또한 예수의 가계도에 네 명의 여성의 이름을 넣었다. 이 네 명의 여성에게 공통된 한 가지는 그녀들에게 스캔들이 붙어 있다는 점이다 (예컨대 간통, 매춘). 마태가 마리아에 대한 좋지 않은 평판과 예수의 미심쩍은 사상에 대한 선례를 제시하고 있는 것으로 보인다. 마태의 계보는 메시아사상을 품고 있는 유대인 동료들에게 불명예스러운 출신에서도 위대한 것들이 나올 수 있음을 상기시키려는 것이었다. 아이러니하게도, 마태가 (같은 장에서) 예수의 사상을 성령의 것으로 돌리는 이야기를 반복했던 것은 아마도 문제에 도움이 안 되었을 것이다. 마태의 의도는 마리아에 대한 나쁜 평판을 상쇄하려는 것이었지만, 이런 이야기는 역효과를 낳았을 것이다. 신적인 호소는 많은 사람들에게 예수의 신분이 더 맘제르 같아 보이도록 만들었을 것이다.

기억의 사회적 측면이 처음으로 강하게 제시된 것은 프랑스 사상가 모리스 알박스(Maurice Halbwachs, 1877-1945)에 의해서다. 버지가 철학적 관점에서 반개인주의를 주장하기 60년 전에, 알박스는 사회학적 관점에서 유사한 논증을 제시하였다.[3] 알박스는 보통 기억이 외부의 사회적, 환경적 자극에 의해 활성화된다고 주장하였다. 외부 환경은 거기에서 작동할 필요가 있는 기억을 촉발시킨다.

예는 다양하다. '사회적 기억'이 나타나는 가장 흔한 예, 즉 가족 기억을 생각해 보자. 어릴 때 있었던 일을 상기하던 중, 당신의 형제자매가 그 기억을 바로잡아 준 적이 있는가? 남편과 아내가 이야기를 하던 중, 상대방의 문장을 대신 마무리하는 것을 본 적이 있는가? 혹은 노부부가 서로 거들며 어떤 이야기를 하는 모습—한 명이 줄거리를 이야기하는데 다른 한 명이 세부 내용을 첨가하는 모습—을 본 적이 있는가? 롭 라이너(Rob Reiner)의 영화 《해리가 샐리를 만났을 때》(When Harry Met Sally)[4]에서 이에 관한 멋진 예를 볼 수 있다. 영화에서 가상의 이야기가 펼쳐지다가 곳곳에 실제 연인들의 인터뷰가 나온다. 다음과 같이 노부부가 말한 대사를 인용해 보겠다. 이 대사에 대해 생각해 보자.

(또 다시 새로운 노부부가 나온다.)

(노부부는 계속 서로 이야기하려고 해서 말소리가 겹친다.)

---

3   Halbwachs, *Les Cadres sociaux de la mémoire* (Paris: F. Alcan, 1925); *On Collective Memory*, trans. and ed. Lewis A. Cosner (Chicago: University of Chicago Press, 1992).

4   Castle Rock Entertainment/Columbia Pictures, 1989.

남자: 우리는 같은 병원에서 태어났습니다.

여자: 1921년입니다.

남자: 7일 차이로 태어났습니다.

여자: 같은 병원이었죠.

남자: 우리는 바로 옆 구역에서 자랐습니다.

여자: 둘 다 다세대 주택에서 살았었어요.

남자: 남동구역이었습니다.

여자: 댈런시 가였죠.

남자: 제가 10살 때 가족이 브롱크스로 이사 갔습니다.

여자: 포담 가로 갔죠.

남자: 아내는 11살 때 이사 왔습니다.

여자: 저는 183번 가에 살았어요.

남자: 우리는 같은 건물에 있었습니다. 아내는 15층에서 간호사 일을 했고, 저는 14층에서 의사로 근무했습니다. 6년 동안이나요.

여자: 저는 아주 유명한 신경과 의사와 일했어요. 우리는 마주친 일이 한 번도 없었죠.

남자: 한 번도요.

여자: 상상이 가시나요?

남자: 우리가 어디서 만났는지 아세요? 엘리베이터에서 만났습니다. 일리노이주 시카고에 있는 앰배서더 호텔에서요.

여자: 저는 가족을 만나러 왔었어요. 이이 방은 3층이었고 전 12층이었어요.

남자: 제가 이 사람이랑 계속 이야기하려고 아홉 층을 더 올라갔어요.

여자: 아홉 층이나 더요.

중요한 세부사항들을 강조함으로써, 이들 부부 고유의 해석이 분명하게 드러났다.

사회적 기억은 또한 가족 너머의 더 큰 사회적 제도의 토대이다. 나는 최근 내 친구 앤디의 결혼식에 갔다. 교회당은 태평양과 맞닿은 절벽 꼭대기에 자리하고 있었다. 신부는 미인이었다. 신부는 결혼식을 위해 자신이 지은 노래를 불렀다. 신랑은 노르웨이 전통 예복을 입고 있었다. 결혼식 행사는 기억에 남을 만큼 인상적이었다. 그러나 가장 중요한 것, 행사의 핵심은 전통적인 방식으로 결혼 서약을 주고받는 일이었다. 그 결혼 서약은 성소에서 결혼하는 사람들이 의례적으로 행하는 서약을 자신들만의 서약으로 바꿔서 한 것이었다. 그 순간, 결혼식 행사는 그저 기억에 남을 만한 것이 아니라 정체성을 형성하는 것이었다. 나는 그들의 서약을 들으면서, 내가 내 아내에게 했던 혼인 서약이 떠올랐다. 나는 내 기억을 되살렸고, 내 아내의 남편이라는 내 정체성을 다시금 확인했다. 서약을 들으면서 우리는 결혼 제도라는 집단적 정체성이 보강되는 것을 느꼈다. 이상하게도 나는 내 결혼식에서의 저 결정적인 순간이 아주 조금밖에 기억나지 않는다. 나는 몹시 열망했고,

무척 기뻤으며, 아드레날린이 넘쳤다. 두말할 나위 없이 그 순간—내 생애 가장 중요한 순간—에 대한 내 기억은 흐릿하다. 하지만 새 부부의 결혼식에 참석할 때면 나는 그 순간이 더 잘 기억난다. 결혼이라는 사회적 제도는 집단적 기억작용 위에 세워진다.

다른 종류의 사회적 기억에 대해서도 생각해 보자. 내 오랜 우정 중 하나는 사과밭에서 BB탄총 싸움으로 시작됐다. 내가 8학년이었던 여름에 내 친구들은 머리는 거의 쓰지 않는 아주 고통스런 게임을 했다. 스티브라는 처음 만난 친구가 1.5미터 떨어진 곳에서 내 머리를 겨누고 있었다. 내 투쟁-도주 본능 중 투쟁 부분이 활성화되면서, 나는 BB탄총을 저지하려고 스티브에게 달려들었다. 다행히도 우리 둘 다 다치지는 않았다. 그리고 우리는 몇 년 동안 다시 만난 적이 없었다. 나중에 우리는 다시 알게 되었고, 지금까지도 좋은 친구로 남아 있다. 이 지점이 사회적 기억이 들어가는 곳이다.

몇 년 전, 나는 스티브에게 우리가 처음 어떻게 만났는지에 대해 말했는데, 스티브는 그때의 일에 대한 기억이 전혀 없었다. 스티브는 그 사건을 완전히 잊어버린 것이었다. 그 이후로 나는 내 친구들과 가족들에게 여러 번 그 이야기를 들려주었다. 그리고 네다섯 번 정도 이야기하자, 스티브도 그 일이 기억난다고 주장하였다. 스티브는 내가 아는 가장 정직한 친구라서 나는 그를 믿는다. 스티브는 이제 그 사건에 대해 약간 기억난다고 확신했다. 전에는 완전히 잊어버렸던 것이 스티브의 기억 속에서 사회적으로 보강된 것이다. 그러나 스티브는 어디까지가 본인이 실제로 기억하는 것이며, 또 어디까지가 내 이야기를 들으면서 자신이 상상하게 된 것인지 선을 그을 수가 없다.

나는 역사의 본질을 이해하기 위해서, 먼저 인간의 기억에 대한 우리의 이해를 재고해야 한다고 주장하였다. 여기서 묘사한 것과 같이, 기억은 상상력으로 계속 보강되는 과정이다. 나는 이 책 도처에서 이 점을 계속 입증해 나갈 것이다. 나는 인간의 기억이 유동적인 과정(fluid process) 같은 것이기 때문에, 우리가 과거에 대한 우리의 해석(들)을 자극하고 강제함에 있어 외부의 환경에 의존한다는 점을 당신에게 납득시키기를 원한다. 나는 우리의 기억이 신뢰할 만한 것이 못 된다고 말하는 것이 아니다. 나는 우리의 기억이 (사회적 구조를 포함한) 외부의 구조에 의존하고 있기 때문에 기억이 신뢰할 만한 것이라고 말하는 것이다.

니체의 말이 나타내는 것처럼, 인간의 기본(default) 자리는 망각이다. 기억하기 위해서는 적극적인 노력이 필요하다. 우리는 우리의 기억을 형성하는 데 능동적으로 참여하고 있다.

더 읽어볼 만한 책들

Henri Bergson. *Matter and Memory*. Authorized translation by Nacy Margaret Paul and W. Scott Palmer. London: Allen, 1912. 『물질과 기억』(자유문고, 2017).

James Fentress and Chris Wickham. *Social Memory*. Oxford: Blackwell, 1992.

Patrick Hutton. *History as an Art of Memory*. Hanover, NH: University Press of New England, 1993.

Barbara A. Miztal. *Theories of Social Memory*. Philadelphia: Open University Press, 2003.

역사 I
일종의 현재

참된 학문은 주어진 시간과 사회에 사는 사람들이 가장 중요하게 여기는 그런 진리와 지식을 조사하여 인간의 지각으로 가져오는 것이다.

레프 톨스토이(Leo Tolstoy)

역사를 정의하려고 하면, 곧바로 어떤 문제가 표면에 드러난다. 문제는 역사에 대한 정의가 두 개 있다는 점이다(둘 다 모두 유명하다). 바라기는 내가 지금 이 문제를 잘 다룰 수 있어서, 앞으로 혼동을 피할 수 있으면 좋겠다. 나는 여기서 이 책을 읽는 내내 염두에 두어야 하는 구분을 만들 것이다.

괜찮은 사전이라면 역사에 대한 두 가지 정의를 모두 제시할 것이다. 첫 번째 정의에서 역사는 과거와 동일한 것으로 이해된다. 이러한 정의는 역사를 시간의 흐름 가운데 일어난 모든 것으로 이해한다. 메리엄-웹스터 사전은 첫 번째 정의를 다음과 같이 제시한다.

> 어떤 역사의 주제를 형성한 사건들; 과거의 사건들; 끝났거나 이루어진 것(예. 연전연승은 **역사**가 되었다.);

마크 트웨인(1835-1910)은 이러한 역사 이해를 다음과 같이 유명한 경구로 표현하였다. "역사는 지긋지긋한 일의 반복일 뿐이다." 다른 말로 하면, 역사는 그저 시간 속에서 일어나는 일련의 일들이다. 이 정의는 포스트모던 역사가들의 흥미를 끌지 못한다. 그리고 내가 '역사'라고 말할 때, 나는 이러한 정의를 의미하는 것이 아니다.

역사에 대한 두 번째 정의는 이 책에서 기반으로 삼고자 하는 것이다. 이 두 번째 정의에서 역사는 과거의 사건과 **결부된** 설명, 가공물, 이론을 분석하는 한 분야이다. 메리엄-웹스터에서 두 번째 정의를 살펴보자.

> 중요한 사건(어떤 민족이나 집단에 영향을 미쳤기 때문에)에 대한 연대기적 기록으로, 대개 사건들의 원인에 대한 설명을 포함하고 있음; 과거의 사건을 기록하고 설명하는 학문 분야;

이 두 정의의 차이는 미묘해 보일 수 있지만, 이 둘을 혼동한다면 막대한 결과가 따를 것이다. 역사에 대한 첫 번째 정의는 '과거'라는 단어와 동의어처럼 보일 수 있다. 그러나 두 번째 정의는 그렇게 보일 수 없다. **학문 분야로서의** 역사는 과거에 일어난 일이 아니라, 과거의 일이 어떻게 기억되었는지와 왜 기억되었는지에 대해 설명하는 것이다. 이 둘을 혼동하는 것은 바로 역사가가 수행하는 과업의 성격을 혼동하는 것이다.

그 이유는 여기에 있다:

두 번째 정의는 '과거' 중 압도적으로 많은 대부분이 기억되지 않았으며 따라서 그것들은 역사가 아님을 인정하는 것이다. 역사에는 기억을 통해 해석된 과거만 포함된다.[1] 기억되지 않은 것은 역사가 아니다. 이것이 역사 철학자(역사 기술학자)에게 있어 기억이란 무엇이며, 기억이 어떻게 작동하며, 왜 (잊지 않고) 기억하는지가 매우 중요한 이유이다.

이전 장에서 나는 기억이 과거의 보존이 아니라고 주장하였다―기억은 과거가 현재에 영향을 미치는 방식대로 지각한다. 역사에 있어서도 마찬가지다. 역사가들은 어떤 특정한 현대의 관점으로부터 역사에 대해 이야기한다. 역사가들은 자신들이 처한 맥락에서 받아들여질 수 있는 해석 방법들을 사용하여 역사적 문제에 대해 묻고 답한다. 이런 이유로, 역사 담화는 그 주제에 대해 말하는 것이면서, 또한 화자와 청자에 대해 말하는 것이다. 다큐멘터리 제작자 켄 번즈(Ken Burns, 1953-)는

[1] 이에 덧붙여, 해석(gloss)은 투사 행위다. 역사가들은 그들이 이용할 수 있는 자료에 적절한 재구성을 투사한다(이에 대해 나중에 더 자세히 다룰 것이다). 아마 누군가는 상당수의 자연사 그리고 인류사가 인간의 기억을 통해 전달된 것이 아님을 언급할 수도 있다. 기억 외의 다른 방식으로 남아 있는 것은 유물(도자기, 건축물 등) 또는 자연적 증거(지질, 천체 데이터 등)로 여겨질 것이다. 그러나 여전히 기억은 이런 자료들을 분석함에 있어서도 결정적인 역할을 한다.

"역사는 사실 과거―해묵은 일들을 정신함―에 대한 것이 아니다. 현재 그리고 우리가 누구인지를 정의함에 관한 것이다"라고 설명한다.

> **❝**
> 학문 분야로서의 역사는 과거에 일어난 일이 아니라, 과거의 일이 어떻게 기억되었는지와 왜 기억되었는지에 대해 설명하는 것이다.
> **❞**

아마도 번즈는 자신의 경우를 과장한 것 같긴 하지만, 지나친 것은 아니다. 과거가 기억을 통해 강조된다는 점을 고려한다면, 역사는 정말로 과거에 **대한** 것이다. 그러나 기억이 현재 우리의 맥락과 과거의 흔적을 동화시키는 기능을 한다는 점을 인정해야만, 이 진술이 참인 것이다. 이와 비슷하게, (기억을 제공하는 역할을 하는) 역사가는 역사적 기억 중에서 동시대의 청자들과 관련 있어 보이는 것을 취하여, 그 청자들이 이해할 수 있도록 만든다.

여기서 기억제공자(remembrancer)로서 역사가와, 기억하는 공동체로서 청자 사이의 관계를 주목해 보자. 상기시키는 자로서 역사가는 자신의 청자에게 자신이 믿는 바를 기억하는 것이 중요하다고 전달할 것이다. 결국 기억하는 공동체(가족, 사회, 하위 문화, 종교 단체, 패거리 등등)는 그것을 받아들이거나, 거부하거나, 무시함으로써 역사적 기억에 반응한다.

당신이 1950년 이전에 발간된 어떤 표준 미국사 교과서를 보더라도,

남북전쟁에서 흑인 병사들의 역할이 거의 언급되고 있지 않음을 발견할 것이다. 1960년대에 발간된 교과서를 보면, 당신은 '아프리카계 미국인' 병사들에 대해 부수적으로 언급되고 있음을 발견할 것이다. 그러나 미국민권운동 이후 그 내용이 아주 많이 달라졌다. 흑인들의 참여가 없었다면 북부군이 남북전쟁을 이길 수 없었을 것이라는 주장은 1990년대에 출간된 교과서에서 쉽게 찾아볼 수 있다. 더 최근의 교과서들에서는 이러한 역사적 주장이 누그러졌다.

    내가 말하는 요지는 사회의 관심사가 변함에 따라 우리가 과거에 대해 이야기하는 내용 또한 변한다는 것이다. 미국인들은 1950년대 이래로 인종적인 의식을 더 지니게 되었다. 그 결과 우리는 우리의 역사를 더 정확하게 지각하기 위하여 우리의 기억을 수정해 왔다. 나는 위의 예시와 많은 사람들이 '수정주의 역사'(revisionist history)라고 부르는 것의 관련성을 보이기 위해 수정이라는 개념을 강조하고 있다.

> **어떤 기억이 더 중요할수록, 그 기억은 더 많이 해석될 것이다.**

    이 예는 한 사회의 관심과 가치가 국가적 기억을 재구축하기 위해 역사가들로 하여금 역사적 증거들을 재평가하게 하는 방식을 보여 준다. 그렇지만 내가 든 예시가 그저 한 가지 방식의 재평가라는 점을 지적하는 것 또한 중요하다. 미국 흑인 역사에서 우리가 별로 관심을 두

지 않았던 것이 큰 관심사로 변화하는 것을 본다. 혹은 더 정확하게는, 미국 백인은 미국민권운동이 있기 전까지는 흑인 역사에 거의 관심이 없었다. 이런 시기가 오기 전, 가장 제도권 안에 있는 역사가들은 이 주제와 관련된 역사적 자료를 거의 개발하지 않았다. 이 경우에 악마의 대변자(논의를 위해 반대 입장을 취하는 사람. 또는 반대를 위해 반대하는 사람)는 특정 기간에 대해 우리가 아는 것의 '공백을 메워야' 할 정도로 역사가들이 대폭 '수정'하는 것은 아니라고 주장할지도 모른다. 아마 이러한 비난도 가치가 있을 것이다. 그러나 아브라함 링컨의 예를 고찰해 보자.

링컨은 생애 대부분을 공인으로 살았다. 이 때문에, 그의 역사적 의미는 대중의 감시에 노출되어 있었다. 역사가들은 링컨이 살아 있는 동안에 이미, 그리고 그가 죽은 직후에, 링컨의 유산을 평가하고 있었다. 두각이 드러나지 않았던 미상의 군인들과는 대조적으로 아브라함 링컨은 늘 사람들에게 알려져 있었지만, 그럼에도 링컨이 죽은 후에 각 세대들은 링컨의 유산을 재구성해 왔다. 링컨은 미국의 가장 중요한 인물 중 하나이기 때문에, 그의 이야기는 새로운 시대마다 그들 세대와 관련될 수 있도록 계속 재구성되어야 한다. 그렇게 하면서, 각각의 새로운 기억 공동체들은 자신들을 위한 집단 정체성을 재구축한다(당연히 언제나 이전의 정체성과 관계있다).[2]

나는 나의 개괄적인 논지—어떤 기억이 더 중요할수록, 그 기억은 더 많이 해석될 것이다—에서 절대적으로 중요한 측면을 정교화하기

---

[2] 이러한 생각은 B. Schwartz의 책 *Abraham Lincoln and the Forge of National Memory* (Chicago: University of Chicago Press, 2000)에 가장 잘 탐구되어 있다.

전에 이 점을 다루고 있다. 역사 속 위대한 인물, 위대한 순간, 위대한 운동, 위대한 전환은 새로운 해석적 맥락에 의해 계속 형성되고 재형성될 것이다. 역사는 새로운 이야기를 하면서 새로운 영향을 미칠 것이다. 새로운 이야기를 하면서 역사는 영향을 받을 것이다.

링컨이라는 예시에 발맞춰서, 이 장은 2008년 미국 대선 기간 동안 썼다. 이 미디어 문화의 해는 여러 가지로 흥미진진한 사회학적 실험의 해였고, 사회적 기억에 관심 있는 이들에게 완전히 매력적인 해였다. 아프리카계 미국인이 처음으로 주요 정당의 대통령 후보로 공천 받으면서, 버락 오바마 상원의원과 그의 이야기는 기억의 정치, 즉 국민의 기억이 다시 말해지면서 어떻게 변천하는지를 들여다보는 환상적인 창문이 되었다.

2007년 1월 17일자 기사(오바마의 출마가 공식화되기 전)에서, 저널리스트 린 스위트(Lynn Sweet)는 아브라함 링컨에 관한 기억으로 오바마의 중요성을 평가함으로써 오바마의 이야기를 예견하였다.

> 일리노이 주도에서 시작한다면, 오바마의 정치 이야기와 스프링필드의 아브라함 링컨의 이야기가 결부되는 데 도움이 될 것이다(스프링필드는 일리노이의 주도이다. 링컨은 이곳에서 변호사를 개업하였고, 노예제 비판하였으며, 또 이곳에 묻혔다. 오바마는 일리노이의 상원의원이었고, 스프링필드에서 대통령 출마 선언을 하였다). 링컨은 오바마와 마찬가지로 일리노이 주의원으로 있었다가, 국회의원이 되고 그 다음에 백악관에 들어갔다. 오바마처럼 링컨도 대통령이 되어 격동기를 이끌어 가기 전에 그리 많은 경험이 있

었던 것은 아니었다. 케냐인 아버지의 아들인 오바마는 아프리카 노예들을 자유롭게 했던 그 사람의 고향에서 또는 고향 근방에서 자신의 원정을 시작할 것이다.[3]

여기에서 스위트가 사용한 언어, "오바마의 정치 이야기가 링컨과 결부되는 데 도움이 될 것이다"를 주목하라. **여기에서 주장한 바가 무엇인가? 이 주장의 논리적 결과는 무엇인가?** '결혼'(결부)이라는 은유가 암시하는 것처럼, 우리는 두 가지 상호 보완적인 결과를 기대할 것이다.

(1) 스위트는 오바마 이야기의 중요성을 이해하기 위해서, 아브라함 링컨으로 시작해야 한다고 주장하고 있다. 따라서 오바마는 링컨의 유산의 연장선이다.

(2) 스위트는 오바마 이야기라는 렌즈를 통하여 링컨 이야기의 중요성이 적절하게 기억된다고 주장하고 있다. 스위트에 따르면 링컨은 버락 오바마의 선구자(precursor)이다. 이는 작은 주장이 아니다!

이는 '모형론'이 분명하게 나타난 것이다. 모형론은 모형에 대한 연구이다. 스위트는 오바마가 링컨의 한 모형이라고 말하고 있다. 지금도 스위트의 해석은 여전히 판단대 위에 있다. 그녀의 청중들은 미래 세대들이 오바마의 유산을 어떻게 해석하느냐에 따라서 그녀가 한 링컨 이야기를 받아들이거나, 거부하거나, 무시할 것이다.

---

[3] http://www.suntimes.com/news/sweet/213786,CST-NWS-obama17.article.

문화적 초점 C : 예언자 중 하나

마가의 이야기에 따르면, 예수는 세례 요한이 처형당한 직후에 자신의 명성을 쌓기 시작했다. 예수는 사람들이 자신에 대해 무엇이라 말하는지 궁금하기 시작했으며, 그래서 제자들에게 어떤 소문이 돌고 있는지 말하라고 하였다. 마가에 따르면, 어떤 사람들은 예수를 세례 요한이 죽었다가 살아난 것으로 생각하고, 또 어떤 사람들은 옛 예언자 중 한 명이 돌아왔다고 생각한다고, 제자들이 예수에게 말했다. "가로되 '세례 요한'이라 하고 더러는 '엘리야,' 더러는 '예언자 중의 하나'라 하나이다"(막 8:28).

많은 역사가들이 이 말을 지어낸 것으로 생각한다. 달리 말하면, 실제로 예수는 이렇게 묻지 않았고, 제자들도 이렇게 대답하지 않았다는 것이다. 도리어 이는 2세대 그리스도인들이 만든 예전용 고백이었다. 나는 이 말이 지어낸 것이라고 별로 확신하지 않는다. 그러나 지어낸 것이든 아니든, 이는 예수의 동시대인들이 어떻게 생각했는지를 잘 보여 준다. 저 맥락에서 누군가 위대한 업적을 이루었을 때, 동시대인들은 대개 그를 고대의 인물과 비교했다.

예수가 죽은 뒤 50년에서 70년 후의 시대를 기록한 요세푸스라는 이름을 가진 유대인 역사가가 있다. 요세푸스는 예수를 간단히 언급한 것(Antiquities 18.3.3; 『요세푸스 2 : 유대고대사』, 생명의말씀사, 2006) 외에도, 모세와 여호수아 같은 고대 영웅이나 예레미야 같은 예언자를 흉내 낸 몇몇 그 시대의 유명한 지도자들에 대해서도 언급한다. 요세푸스는 비유대인 청자들을 대상으로 글을 썼고, 따라서 그가 이러한 고대 영웅들의 이름을 명시함으로써 호소하려던 것은 아니었다. 그러나 요세푸스가 충분히 자세히 기록하였기 때문에, 유대 민족이 그 당시의 예언자들을 옛 예언자들의 현대판으로 여기고 있다는 점을 엿볼 수 있다. 마가복음 8장에서 제자들의 대답은 예수에 대한 비슷한 해석을 보여 준다. 종종 예수의 중요성은·고대 이스라엘 역사의 영웅들과 비교하는 방식으로 평가된다.

이런 종류의 역사적 모형론은 보통 정치적으로 유리하게 작용한다. 케네디가(Kennedys)는 종종 '카멜롯'으로 불린다(카멜롯은 전설 속 아서 왕이 살았던 도시로, 케네디 시절의 워싱턴을 비유하는 표현으로 사용된다. 즉, 그만큼 미국이 행복했다는 의미이다). 새로운 교황이 전임 교황의 이름 중 (애정 있게 기억되는) 하나를 취하는 것은 전통이다. 사담 후세인은 바벨론 왕 느부갓네살 동상을 주문하였는데, 그 동상의 얼굴에는 후세인의 형상이 새겨져 있었다. 이 각각의 사례에서, 과거에 대한 역사적(그리고/또는 전설적) 이야기는 정치적 의제에 이바지하도록 재구성되었다. 그리고 더 중요한 것은, 그러한 의제들이 해당 역사적 인물이 살았던 시기에는 분명 의문시되었다는 점이다. 이는 어떻게 예수가 히브리 성서에 나오는 인물 및 이야기와 더불어 기억되었는지를 읽으며, 반드시 우리가 염두에 두어야 하는 점이다.

이쯤에서 나는 이 책의 내용을 전개하며 더 완전히 구체화될 두 가지 요지를 추가로 언급하겠다.

첫째, 역사는 종종 이야기의 형태 그리고/또는 이야기의 기능을 취한다. 계속 진행 중인 과거에는 시작, 끝, 주제 변화, 반전, 절정이 없다. 이러한 것들은 역사가들이 말할 만한 가치가 있는 내러티브 형태를 만들고자 과거에 투사하고 부여한 요소이다.

둘째, 역사가가 최초로 과거에 의미를 부여한 것은 아니다. 대다수의 역사적 자료들은 잔존하는 기억을 통하여서만 역사가들이 사용할 수 있는 것이다. 본질적으로 역사가들은 기억을 해석하는 사람들이다. 기억은 처음부터 해석된 기억이기 때문에, 역사가들은 이전의 해석을 해석하는 사람들이다. 이전의 포스트모던 이론가들은 이 점을 충분히 강조하지 않았다.

우리가 역사적 예수에 초점을 맞출 때, 다음의 두 점을 인정해야 한다.

1. 복음서 배후에 있는 화자들은 다방면에 걸친 해석자들이다. 그들은 예수 이야기를 하면서 해석하고, 개정하고, 은유화하고, 신학화하고, 모형론을 활용하고, 인물의 성장을 강조하고, 동선을 그린다. 그들이 역사에 별로 관심이 없기 때문에 그렇게 한 것이 아니다. 이것이 역

사를 말하는 모습인 것이다—이런 모습**이어야** 한다!

  2. 우리는 예수에 대한 첫 번째 기억이 예수의 가족, 추종자, 대적들의 해석을 통해 창조적으로 구성되었다고 예상해야 한다. 복음서들이 수정, 은유, 신학, 모형론, 인물 성장, 동선 설정을 보여 줄 때, 이러한 점들은 창작물 또는 허구임을 입증하는 필연적인 증거가 아니다. 우리는 예수의 중요성을 최초로 해석한 사람들이 복음서 저자일 것이라고 생각해서는 안 된다. 위에 언급한 해석적 장치들은 인간이 지각하고 기억하는 일에 있어 보편적인 것이다. 사람들은 자기 자신과 자신을 둘러싼 세상을 내러티브라는 틀 안에서 지각한다. 이러한 해석의 상당수는 예수의 생애 동안 시작되었음이 **틀림없다**. 예수가 동시대인들에게 해석되지 않았다면, 그는 기억에 전혀 남아 있지 않았을 것이다.

  이제, 예수에 대한 기억을 더 직접적으로 살펴보자.

더 읽어볼 만한 책들

Leonhard Goppelt. *Typos: The Typological Interpretation of the Old Testament in the New*. Translated by D. H. Madvig. Grand Rapids: Eerdmans, 1982.

Anthony Le Donne. *The Historiographical Jesus: Memory, Typology, and the Son of David*. Waco, TX: Baylor University Press, 2008.

Barry Schwartz. *Abraham Lincoln in the Post Heroic Era: History and Memory in Late Twentieth-Century America*. Chicago: The University of Chicago Press, 2008.

예수 I
고장난 가정

> 예수님은 나를 실망시키신 적이 없어요
> 예수님은 나에게 진실을 보여 주곤 하셨죠
> 그때 그들은 예수님을 쇼 비즈니스에 등장시켰고
> 이젠 문 안으로 들어가기가 어려워졌네요.
>
> 보노(Bono)

역사적 인물을 그리기 위한 무대를 그 사람의 가족에 대한 어떤 예비적 관찰을 가지고 왜곡하는 일은 드물지 않다. 왜 그럴까? 우리는 성 프란체스코가 부유한 상인의 아들이었다는 점을 왜 중요하게 여길까? 우리는 어린 시절 간디가 하리시찬드라의 이야기[1]에 집착했다는 점을 왜

---

[1] 하리시찬드라는 그의 왕국 전체를 잃어가면서까지 진실을 말하고 약속을 지키려고 하여 전설이 된 왕이었다.

흥미롭게 여길까? 이러한 관찰을 통해 그들에게 자극을 주었을 만한 것들을 엿볼 수 있기 때문에, 이러한 관찰은 인물을 형성하는 데 관련성도 있고 흥미롭기도 하다. 우리가 인물의 가족에 대한 세부 사항과 그 업적의 특성을 나란히 놓고 보게 되면, 그러한 세부 내용이 흥미롭다.

예수의 가족에 대한 이전의 논의(학술적 담론과 대중적 담론 모두)들은 논란이 되어 왔다. 여기에는 몇몇 이유가 있지만, 주된 이유 중 하나는 가족이라는 것이 성행위를 전제한다는 점이다. 우리는 예수의 가족생활에 대해 무언가를 말하기 위해서, 예수 및 그의 부모의 성생활에 대한 특정 주장들을 전제해야 한다. 예수의 경우에는 이 점이 흥미로울 수 있는데, 왜냐하면 전통에서는 마리아가 신적인 개입으로 잉태되었다고 말하고 있기 때문이다. 전통은 예수의 성에 대해 말하는 바가 거의 없지만, 일반적으로 예수는 결혼한 적이 없다고 추정되어 왔다.

니코스 카잔차키스(Nikos Kazantzakis)의 소설 『그리스도 최후의 유혹』(The Last Temptation of Christ)의 중심 주제 중 하나는 예수의 성생활이다. 책과 영화 모두 성육신 교리가 만들어 낸 중요한 긴장을 심각하게 취하고 있다.[2] 특히 카잔차키스가 묻는 문제는 다음과 같다. **예수가 완전한 인간이라면**(교회의 정통적인 교리적 입장), **예수가 정착하여 가정을 일구려는 생각을 해 보지 않았을까?** 카잔차키스가 이 물음을 진지하게 다루었기 때문에, 그는 예수를 성적인 유혹으로 고심할 수 있는 생생한

---

[2] 성육신 교리는 예수가 완전한 사람이면서 완전한 신이었다고 가르친다. 이 교리에서는 예수의 성이 전제되어 있지 않지만, 나는 '완전한 사람'이 된다는 것에는 인간의 성이 포함된다고 감히 가정했다.

인물로 만들었다. 이러한 물음을 던지는 것은 의심의 여지없이 역사가에게나 문학/영화의 세계에서나 모두 정당하다. 그러나 역사가에게는 역사 소설가가 가지고 있는 것과 같은 자유가 없다. 단순히 가능성만으로는 충분하지 않다. 역사가는 역사적으로 개연성 있는 것에 근거하여 이야기해야 한다.

역사적 가능성(possibility)과 역사적 개연성(plausibility) 사이의 차이를 잠깐 살펴보자. 어떤 이야기가 역사적으로 **가능하다**는 것은, 그 이야기가 틀렸음을 합리적으로 입증할 수 없다는 말이다. 어떤 이야기가 역사적으로 **개연성 있다**는 것은, 그 이야기가 있을 법해 보이게 만드는 신빙성의 고리가 있다는 말이다. 역사적인 논증은 역사적 맥락 및 영향을 받은 사건들을 감안하여 가장 있을 법한 설명을 하는 것을 목표로 한다.

> "
> 설령 초기 그리스도인들이 예수의 생애에서
> 당혹스러운 부분을 감추려했다 해도, 그것은 실패였다.
> 이는 예수의 가정사와 관련해서 특히 그렇다.
> "

역사적으로 말하면, 유다가 고아 애니의 가발을 쓴 하비 케이틀처럼 보이는 것도 가능하다. 그에 반해 유다가 하비 케이틀처럼 브루클린 억양으로 말한다는 것은 가능하지 **않다**. 영화의 이런 두 요소 모두 전혀 있을 법하지 않지만, 그러나 명백히 제외할 수 있는 것은 후자뿐이다 (시대 고증이 잘못되었다는 이유로). 이와 비슷한 방식으로, 예수가 결혼했다는 주장도 어떤 점에서는 완전히 '가능한' 말이다. 예수에게 아내가 여럿 있었다는 주장도 가능하다. 아마도 예수는 열 두 아이를 가진 부유한 남편이었을지도 모른다. 예수에 대한 이러한 가능성을 명백히 제거할 만한 증거는 없다.

그러나 예수가 행복한 남편이자 아버지였다는 주장이 가능은 하지만, 이 이야기에 개연성 있는 냄새를 풍기면서 풀어 나갈 수 있는 방도는 없다. 증거가 없다는 것은 그야말로 이 이야기에 개연성이 없다는 것이다. 이런 시도를 하는 사람은 음모론에 호소하거나, 증거가 없기 때문에 거대한 은폐 작업이 있었다고 주장하게 된다.

초대 교회에 음모가 있었다는 가정을 근거로 예수의 생애를 수정하는 사례들이 있다. 그러나 진지한 역사가들이 이런 식으로 창작하지 않게끔 해 주는 단순한 역사적인 사실 하나가 있다. 정통 그리스도인이든 아니든, 종교인이든 아니든, 주류이든 아니든 간에 사려 깊은 역사가들은 모두 이 단순한 사실을 받아들인다. 그 단순한 사실은 다음과 같다: 설령 초기 그리스도인들이 예수의 생애에서 당혹스러운 부분을 감추려했다 해도, 그것은 실패였다. 이는 예수의 가정사와 관련해서 특히 그렇다.

정경 복음서[3]에는 말하기 곤란한 예수에 대한 이야기가 최소한 몇 개

---

3   정경 복음서는 신적인 영감을 받았다고 여겨지는 것으로 성서에 포함되었다. 즉, 마태복음, 마가복음, 누가복음, 요한복음이다. 이 연구에서는 '도마복음'이나 'Q'와 같은 다른 복음서들 또한 역사적 가치가 있다고 여길 것이다. 많은 학자들이 Q를 (주로) 마태복음과 누가복음이 자료로 사용한 말씀 모음이라고 생각한다. 마태복음과 누가복음에서 (마가복음에서 유래하지 않은 부분 중) 겹치는 부분이 있다는 점은 이 둘이 어떤 하나의 구두 자료와 관련되어 있음을 시사한다.

이상 들어 있다. 예수는 사람들 앞에서 자신의 어머니(나중에 교회가 매우 존경한 인물이다)를 공개적으로 책망한 사람으로 기억되고 있다. 예수는 자신의 어머니 및 형제들과 말하기를 거절한 사람으로 기억되고 있다(의절한 것과 마찬가지다)! 그는 전통적인 가족 가치(지금 우리는 이렇게 부른다)의 역할을 폄하하는 사람으로 기억되고 있다. 그 결과 예수의 가족들은 예수가 미쳤다고 비난한 사람들로 기억되고 있다.

정경 복음서는 그가 연회를 즐기는 쾌락주의자라는 평판을 받았으며, 그에게 종종 여성들과 사회적으로 부적절한 연대가 있었음을 들추어내고 있다. 예수는 창녀 및 요부와 좋은 친구였던 것으로 보인다. 이에 더하여, 젠더와 관련하여 다소 '동성애적인'(queer) 발언을 하였기에, 예수의 가족이나 성생활과 관련하여 곤란함을 피하고자 감춰진 것이 있다고 보기는 어렵다. [4] 더 중요한 것은, 마리아가 로마 백부장에게 강간당한 결과로 태어난 사생아가 예수였다는 널리 퍼진 믿음을 후대 랍비 전통들도 거들고 있는 듯하다(요한복음 8장과 비교하라). 예수의 가족사에서 곤란스런 세부 사항들을 덮으려는 어떤 엄청난 노력이 **있었다면**, 그 노력은 엄청 실패한 것이다.

예수의 아내에 대한 정보가 전혀 없다는 점에 대한 가장 개연성 있는 설명은 예수에게 아내가 없었다거나 혹은 공생애 사역을 시작하기 전에 아내가 죽었다는 설명일 것이다. 이유야 어찌 됐든, 그가 비혼 상

---

[4] 마태복음 19:12를 읽어 보라. "처음부터 결혼하지 못할 몸으로 태어난 사람도 있고, 사람의 손으로 그렇게 된 사람도 있고, 또 하늘 나라를 위하여 스스로 결혼하지 않는 사람도 있다. 이 말을 받아들일 만한 사람은 받아들여라."

태였다면 더 자유로이 격식 없는 관계를 맺을 수 있었을 것이다. 역사가들은 초대 교회에서 여성들이 중요한 역할을 수행했고, 예수가 여성들(한 명이 아니라 여러 명)과 맺은 관계가 이를 설명해 줄 수 있다는 점에 동의한다. 이와 다르게 말한다면 책이 더 많이 팔릴지도 모르지만 (나에게는 불행한 일), 예수가 설교자로 공생애를 보내는 동안 독신이었다는 것이 가장 개연성 있다. 그러나 만약 당신이 기대하는 것이 스캔들이라면, 굳이 역사적으로 지어낸 **가능한** 스캔들에 기대지 않더라도, 역사적으로 분명해 보이는 **개연성 있는** 스캔들도 충분히 많다.

예수를 연구하는 역사가들에게, 예수에 관한 당혹감을 주는 세부 사항들은 단지 흥미롭기만 한 것이 아니다. 그것들은 예수에 대한 개연성 있는 역사적 기억을 내다볼 수 있는 소중한 창문이기도 하다. 사실 그러한 세부 사항들은 어떤 이야기가 기억의 생산물인지 허구적 생산물인지 여부를 판가름하는 잘 알려진 기준이다. 역사적 예수 연구자들은 이를 '당혹성의 기준'(Criterion of Embarrassment)[5] 이라고 부른다. 당혹성의 기준 뒤에 깔린 논리는 다음과 같다. **예수나, 그의 가족이나, 그의 제자들에 대한 내용 중에서 초대 교회를 당혹스럽게 만드는 것으로 드러났을**

---

[5] 이와 관련하여 몇 가지 다른 종류의 기준이 있다. 이 장에서 나는 단 세 가지 기준만을 소개할 것이다. 소위 진정성 기준(authenticity criteria)으로 불리는 것은 이전 세대의 역사적 예수 연구자들에게서 넘어온 것이다. 나는 이전의 많은 학자들이 추정했던 것처럼, 이 기준이 역사적 사실을 '진정한 것으로 증명'하지는 않는다고 생각한다. 나는 오히려 이 기준이 초기의 그리고/또는 널리 퍼진 역사적 기억들을 평가하는 데 유용하다고 생각한다. 역사가들은 모두 역사적 기억에 관한 이미지와 이야기를 구성할 때 어떤 일단의 기준을 사용하지만, 결국 역사가의 과업을 규정하는 것은 이러한 역사를 **말하는 것**이다. 예수 탐구에 있어 더 자세한 기준에 대한 설명은 나의 책 *Historiographical Jesus*, pp. 87-92를 보라.

만한 세부 내용이 어떤 이야기에 담겨 있다면, 이 이야기는 아마도 초대 교회가 고안해 낸 것이 아닐 것이다.

예수와 그의 어머니에 대해 이야기하는 요한복음 2:1-11을 고찰해 보자. 이 이야기에서 예수는 자기 관할이 아닌 연회에 도착하였다. 이 연회의 손님들은 준비된 포도주를 마시고 있었다. 이 연회가 결혼 피로연임을 생각할 때, 아마도 주인은 적지 않은 비용을 들여 다량의 술을 준비했을 것이다. 요한이 이야기를 풀어 나가는 방식에서, 우리는 마리아가 예수와 그의 제자들보다 먼저 연회에 도착했다는 인상을 받는다. 마리아는 포도주가 부족한 것을 보고 놀라서 예수에게 알려주었다. "이 집에 포도주가 떨어졌구나."

> 예수나, 그의 가족이나, 그의 제자들에 대한 내용 중에서 초대 교회를 당혹스럽게 만드는 것으로 드러났을 세부 내용이 어떤 이야기에 담겨 있다면, 이 이야기는 아마도 초대 교회가 고안해 낸 것이 아닐 것이다.

마리아는 그저 사실을 말한 것으로 보인다. 기껏해야 요청을 암시하는 듯해 보인다. 그러나 예수의 대답은 너무도 냉담했다. 우리는 이 이야기가 예수와 마리아의 관계를 들여다볼 수 있게 해 주는 작은 창문을 제공하고 있는 것은 아닐까 추정하게 된다. 어쩌면 마리아의 목소리에 어떤 억양이 들어가 있었던 걸까. 어쩌면 두 사람이 계속 논쟁하고 있는 더 긴 대화에서 우리가 한 단면만을 보고 있는 걸까. 어떤 경우였든지 간에, 예수는 마리아를 신랄하게 책망했다. 그는 "티 에모이 카이 소이 귀나이?"(Τί ἐμοὶ καὶ σοί, γύναι)라고 말했다. 이는 아람어 말[6]에 달아 놓은 그리스어 난외주이다. 영어도 그렇지만 그리스어는 이런 수사적 표현을 번역하기가 어렵다. 문자적으로는 아마 이렇게 번역할 수 있을 것이다: "여자분, 당신에게나 나에게 〔그게 뭐가〕 어때서요?"(How to you and to me, woman?)

(이 문장의 의미를 포착하도록) 이러한 표현을 역동적으로 번역하면 다음과 같은 식이 될 것이다: "내 일이 당신과 무슨 상관이 있습니까? 여자분, 당신 일에나 신경 쓰시죠!"

이런 번역이 너무 무정해 보인다면, 이 표현이 정확히 마가복음 1:24와 5:7에서 귀신들린 사람이 예수를 비난할 때 썼던 표현이란 점을 명심하자. 이는 어떤 사람이 괴롭힘을 당하려던 찰나거나, 자신의 뜻에 반하는 무언가를 억지로 하게 되었을 때 적개심을 가지고 비난하는 표현이다. 어머니를 향한 예수의 강한 비난은 예수와 어머니의 관계가 결코 화기애애하지 않았음을 내비친다.

교회가 하나님의 아들이 어머니를 위압했다는 유언비어를 만들어 냈을까? 귀신이 자신을 쫓아내려는 사람에게 말하는 언어로 자기 어머니에게 말하는 그런 무례한 자로 예수를 그리고 있는 이야기를 교회가

---

6 정확히 말하자면, 이 말은 셈어계 표현 방식(Semitic idiom)이다. '셈어계'에는 히브리어와 아람어가 모두 포함된다.

7 위경(Pseudepigrapha)은 기원전 350-150년 사이에 기록된 일단의 글들로, 고대 유대인 전통의 다양한 예언자들과 왕들이 쓴 것으로 여겨진다.

지어냈을까? 아마 아닐 것이다. 당혹성의 기준은 이 이야기가 지어낸 이야기가 아니라 기억된 이야기임을 암시한다.

그러나 이것은 역사적 증거의 한 조각에 불과하다. 예수 역사가들이 개연성 있는 이야기를 하기 위해 요구하는 것은 단지 암시가 아니라 그 이상이다. 이 점을 염두에 두고, 이 해석에 신빙성을 더해줄 수도 있는 두 가지 다른 이야기를 살펴보자.

문화적 초점 D : 귀신들

히브리 성서(그리스도인들이 보통 구약성서라고 부르는 것)에서 귀신에 대한 믿음을 찾아보기란 매우 어렵다. 그러나 마태복음, 마가복음, 누가복음에서는 예수 이야기의 상당수가 귀신 들린 민중 및 귀신을 내쫓는 치유와 관련되어 있다. 그렇다면 유대인들이 예수처럼 귀신에 대한 이야기를 하기 시작한 게 언제인가? 우리가 아는 귀신에 대한 가장 이른 시기의 이야기 중 하나는 희년서(이제는 위경에서 볼 수 있다[7])라고 불리는 책에 나온 것이다.

희년서는 예수가 태어나기 약 100년 전에 쓰였다. 이 책은 창세기 6장을 토대로 한 역사적 허구이다. 희년서는 노아와 방주에 대한 이야기를 개작한다. 이 개작에서

신의 피조물들(창세기에서는 '하나님의 아들들'로 부른다)은 인간 여자들과 섹스하였다. 그 여자들은 악한 거인들을 낳았는데, 그 거인들은 인간들에게 도리에 어긋난 것을 가르쳤고, 대개 땅에 큰 혼란을 가했다. 예수 시대의 이 유명한 신화에 따르면, 하나님은 이 거인들을 쓸어버리기 위해 홍수를 일으키셨다.

유감스럽게도 홍수가 거인들의 육신을 죽이기는 했지만, 그들의 영혼은 계속 살아남았다. 예수 시대의 많은 유대인들은 이것이 귀신들의 기원이라고 믿었다―귀신들은 육체를 떠난 창세기 6장의 악한 거인들의 영혼에서 유래했다. 희년서에 따르면, 이 영혼들의 수장의 이름은 '마스테마'(Mastema), 또는 사탄이다.

사실상 예수 역사가들은 예수와 그 동시대인들이 귀신의 존재를 믿었다는 데에 동의하지만, 이 문제에 대한 다른 관점들이 있다는 몇몇 증거도 있다. 요한복음은 이러한 믿음에 대한 증거를 아주 조금밖에 보여 주지 않는다. 그래서 아마도, 가장 초창기의 그리스도교에서도 예수의 추종자들이 영적 영역에 대해 동일한 이해를 공유하고 있지는 않았을 것이다. 이러한 시각의 다양성이 현대의 그리스도교도에도 계속 반영되고 있다.

마가복음(3:31-35)은 예수가 가르치는 모습을 보여 준다. 우리는 예수를 열망하는 사람들이 방을 가득 채우고 출입구까지 막을 만큼 예수의 인기가 높았다는 인상을 받는다. 이때, 방이 너무 꽉 차서 밖에 있는 사람들이 안으로 들어갈 수 없었다. 예수가 가르칠 때, 마리아와 마리아의 다른 아들들이 건물에 가까이 갔으나, 자신들이 안에 들어가서 예수를 볼 수 없음을 알게 되었다. 아마도 그들은 자신들이 들어갈 자격이 있다는 느낌을 내비치면서 자신들이 앞에 도착했다는 말을 전달하면, 예수를 만나리라고 예상했을 것이다.

아니면 우리는 이를 다른 방식으로 읽을 수도 있을 것이다. 어쩌면 마리아는 예수와 그저 이야기하기를 요청했을 것이다. 어쩌면 불쑥 끼어들기를 원치 않는 한 여인의 조심스런 요청이었는지도 모른다. 어떤 경우든지 간에 예수의 대답은 의심할 나위 없이 날카로웠다. 예수는 "누가 나의 어머니고 형제인가?"라고 물었다. 그 질문은 곧 이어 예수가 분명히 밝힐 정답, 즉 혈통을 상정하지 않음을 내포하고 있다. 예수는 진정한 자신의 가족은 바깥에서 예수를 찾는 사람이 아니라, 지금 방 안에 있는 사람들임을 분명히 한다. "누구든지 하나님의 뜻을 행하는 사람이 곧 내 형제요 자매요 어머니다."

최초의 그리스도인들이 전통적인 가족의 유대를 재정의하고 있음을 상상하기란 어렵지 않을 것이다—많은 이들이 새로운 종교적 믿음으로 인해 의절당하였다. 그러나 최초의 그리스도인들이 예수의 형제인 야고보에게 실례되는 이야기를 지어냈다는 것은 거의 있을 법하지 않다. 야고보는 초기 유대인 그리스도교 사회에서 핵심 지도자였다. 이 이야기는 예수의 어머니와 형제들에 대한 (공공연한 무례가 아니더라도) 명백한 경시를 들추어내고 있다. 이에 더하여 마가복음 3:21에서의 세부 사항을 그려 보자. 예수의 친척들은 예수가 미쳤다고 생각하였다. 이러한 세부 사항은 아주 당혹스러운 것으로, 허구가 아닐 공산이 높다.

더욱이 이러한 세부 사항들은 예수와 그의 생물학적 가족들 사이에 있었던 긴장을 들춰내는데, 이는 예수의 생애와 관련된 다른 기억-이야기들과도 '정합적'이다. 나는 이 사례에서 예수를 연구하는 역사가들이 '정합성의 기준'(Criterion of Coherence)이라고 부르는 것을 적용하고 있다. 어떤 이야기나 말이 다른 역사적으로 개연성 있는 증거들과 정합적으로 보인다면, 우리는 그것이 지어낸 것이 아니라 기억으로부터 유래된 것이라고 제안할 수 있다.[8]

정합성은 예수에 관한 초기의 기억들을 자리매김하기 위해 사용하는 신뢰도가 낮은 편에 속하는 기준 중 하나이다. 이 기준에는 다른 이야기나 말의 역사적 가치에 대한 신뢰가 요구되는데, 그것들은 설득력이 있을 수도 있고 없을 수도 있다. 그러나 다른 증거들의 신빙성을 더해 주는 데 사용함으로써, 역사가는 정합성에 호소하여 좀 더 개연성 있는 모습을 그릴 수 있다. 정합성의 기준은 몇 가지 이야기와 말들이 역사

---

[8] 기억이라는 범주와 지어낸 것이라는 범주는 아주 깔끔하게 분리될 수 없다. 지어낸 것의 대부분은 기억과 관련되어 있으며, 그 역도 마찬가지다. 나는 아래에서 이러한 가닥을 한층 더 짚어볼 것이다. 당분간은, 실생활의 경험을 반영하고 있는 이야기/말하기와 오직 화자의 상상만을 반영하고 있는 이야기/말하기 사이에 차이점이 있다는 정도만 말해 둘 필요가 있다. 화자에게 기만할 의도가 있는 경우를 제외하면, 화자와 청자 모두 여기에 차이가 있음을 예상할 것이다. 역사가로서 우리는 어떻게 이것들이 겹쳐지는지를 고려해야 한다. 그러나 장르의 경계가 완전히 무너진다면, 그것이 더 위험하다.

적으로 개연성 있는 단일한 주장을 보조하고 있을 때 특히 유용하다.

이를 염두에 두고 누가복음 11:27-28을 고찰해 보자.

> 예수께서 이 말씀을 하고 계실 때에, 무리 가운데서 한 여자가 목소리를 높여 그에게 말하였다. "당신을 밴 태와 당신을 먹인 젖은 참으로 복이 있습니다!" 그러나 예수께서 이렇게 말씀하셨다. "오히려, 하나님의 말씀을 듣고 지키는 사람이 복이 있다."

이 발언은 이전에 살펴본 마가복음 3:31-35에서의 예와 정합적이다. 다시 한 번, 예수는 자신의 어머니가 단지 혈연관계라는 이유로 존경받아서는 안 됨을 내비친다. 이 두 발언에서 단순히 정합성만으로는 이것이 지어낸 것이 아니라 기억의 예임을 논증하기에 충분하지 않다.[9] 결국, 마가가 이를 지어냈고, 누가가 (마가를 따라서) 이를 수정하여 지어냈을 수도 있다. 다시 말하자면, 정합성의 기준은 그 자체로 강한 설득력을 지니지는 않는다. 그러나 이 예들을 도마복음에 있는 유사한 발언과 비교해 보자.[10]

---

[9] 예수께서 '전통적' 가족에 대해 가장 직접적으로 도전한 누가복음 12:51-53과 14:26을 또한 보라. 나는 이 말씀들을, 지나치게 핏줄에 충실한―이는 외국인 혐오(xenophobia)로 이어진다―통념들을 전복하려는 의도가 있는 과장법으로 해석한다.

[10] 도마복음은 정경에 속하지 않은 복음서로, 영지주의 그리스도교에 의해 중요성을 보장 받아 온 것으로 보인다. 나는 마가복음과 누가복음이 쓰인 다음 100년 가까이 지나서 도마복음이 쓰였다는 학계에서 굳어진 다수설에 동의한다. 또한 나는 도마복음에 역사적으로 가치 있는 자료가 확실히 들어있다는 점에도 동의한다.

무리 가운데서 한 여자가 예수께 말하였다. "당신을 밴 태와 당신을 먹인 가슴은 참으로 복이 있습니다!" 예수는 그녀에게 이렇게 말씀하셨다. "아버지의 말씀을 듣고 진실로 지키는 사람이 복이 있다. 왜냐하면 '임신하지 않은 태와 젖을 먹이지 않은 가슴이 복이 있다'라고 말하는 날이 올 것이기 때문이다"(도마복음 79).

도마복음에 기록된 발언들은 다른 복음서들과 비교적 독립적이기 때문에, 우리는 또한 '다수 증언의 기준'(Criterion of Multiple Attestation)에 호소할 수 있다. 나는 이 기준이 가장 설득력 있는 기준 중 하나라고 생각한다. 이 기준의 배후 논리는 다음과 같다: **다수의 자료가 어떤 발언이나 이야기를 증언하고 있다면, 그 발언이나 이야기는 초기에 널리 퍼졌을 가능성이 더 높다.**

모두 종합적으로 고려하면, 개략적으로 살펴본 이 텍스트들은 역사적으로 예수가 자신의 가족, 특히 자신의 어머니와 불화하였음을 설득력 있게 제시한다. 이 이야기 및 발언들을 역사적 기억의 산물로 보는 것이 그 증거를 가장 개연성 있게 다루는 것이다. 그 이야기와 발언들이 초대 교회가 지어낸 것일 공산은 별로 없다.

지금까지 이 장에서 나는 그렇게 포스트모던한 것을 말하지는 않았다. 진정성 기준은 근대의 역사적 예수 연구자들이 오랫동안 사용해(그리고 남용해) 왔던 것이다. 나는 두 가지 단서를 달고자 한다.

(1) 포스트모던 역사가들에게 있어, 단순히 기준에만 호소하는 것은 역사가의 과업을 성취하기에 치명적으로 부족하다. 그저 역사적인 사

실들을 규명하는 것으론 충분하지 않다. 이러한 사실들은 틀림없이 이 야기를 늘어놓으면서 (해석되고 또) 해석된 것이다.

(2) 이전 세대의 수많은 '근대적' 역사가들은 이러한 기준들을 진정한 과거의 실재를 밝혀내기 위한 방법으로 보는 경향이 있었다. 해석적 의제로 덧입혀진 것들을 모두 벗겨내서, 과거의 사건에서 핵심만 골라낸다면, 이를 튼튼한 기반으로 여길 수 있는 것처럼 생각하는 경향이 있었다. 역사가들이 이 기준들을 유용하게 사용하려면, 역사는 언제나 기억이 나타나고 발전하는 방식의 설명에 대한 것이어야 함을 인식해야 한다. 이 기준들은 지각과 기억이 제거된 역사적 사실을 알아낼 수 없다. 역사가들이 제공하는 것은 하나의 창문이다. 즉, 사회적 담론에서 기억과 반-기억(counter-memory(반작용-기억))이 역동적으로 주고받는 것을 보는 통로이다. 이와 같이, 이러한 기준들은 기억과 창작 사이를 항해하기 위한 하나의 더 좋은 방법을 제공해 줄 수 있다.

이제 우리는 비판적으로 역사적 물음을 제기해야 하는 입장에 서 있다. **왜 예수와 어머니의 좋지 못한 관계가 기억되었을까?** 이는 중요한 물음이다. 왜냐하면 포스트모던 역사가들은 역사에 대한 **이유**를 설명하지 않고서는 역사에 대해 **그 무엇**도 적절하게 말할 수 없기 때문이다. 이것은 이 단원의 도입부 인용문에서 철학자이자 역사가인 콜링우드(1889-1943)가 염두에 두었던 것이다.[11] 이야기를 재구성하는 역사가로

---

11 그는 다음과 같이 썼다: "예수의 내면을 연구한다고 말한다면 주제넘어 보일 것이다. 그러나 조금이라도 가치가 있는 다른 방법이 없다." (R. G. Collingwood, *Philosophy and Religion* [London: Macmillan, 1916], pp. 42-43).

서 콜링우드는 두 문제(역사의 내용과 그 이유)가 동시에 물어지고 대답된다고 단호하게 주장했다. 따라서 다음과 같이 말해질 수 있다.

성인이 된 예수의 생애에 대한 이야기는 아버지가 없는 그림으로 말해져야 한다. 아마도 요셉의 부재에 대한 최상의 설명은 마리아가 늙은 남자와 결혼했고, 예수가 서른 살 즈음에 마리아가 과부였다는 설명일 것이다. 그때 그곳에서 부양자가 없는 여자로 산다는 것은 치명적일 수 있었다. 유대 율법은 마리아와 같은 상황에 있는 사람들을 돌보라고 명령하고 있지만, 사회적 금기로 인해 평판이 안 좋은 여자가 돌봄을 받기란 매우 어려웠다. 그리고 마리아가 어렸을 때 문란했다는 소문이 끊이지 않았다.

마리아는 자신의 생존이 사회적 지위를 높이는 능력에 달려있다는 점을 알았다. 그리고 마리아는 그럴 만한 충분한 기지가 있었다. 더 중요한 점은, 마리아가 자신의 아들이 위대한 일을 할 운명을 지녔다고 실제로 믿었다는 점이다. 어머니가 자신의 맏아들에게 높은 기대를 투사하는 것은 그저 자연스러운 일이다. 그러나 당신이 마리아에게 물었다면, 예수가 정상에 올라서는 길을 하나님께서 예정하셨다고 대답했을 것이다.

예수는 자신을 향한 허황된 기대가 있음을 알았다. 예수의 어머니는 예수가 모세와 같은 지도자가 될 것이라고 믿었다. 모세처럼! 그것이 최상의 기대였다. 모세는 해방자요, 율법 수여자—하나님께서 행하신 바로 그 일들의 중개자였다. 마리아는 정말로 예수가 기적과 하나님의 표적을 행하기를 원했을까?

마리아는 아들을 슬쩍 찔러볼 필요가 있다는 점을 알았다. 모세는 광야의 마른 반석에서 물을 공급하였다. 그렇다면 왜 마리아의 아들은 물을 포도주로 만들 수 없겠는가? 마리아와 무슨 상관이 있냐고? 이건 마리아의 일이였다!

> " 예수는 자신의 어머니와 형제들과 멀리하기 위해 최선을 다했다. 그들이 예수에게 어떤 다른 사역을 소망했든지 간에, 예수는 자신을 귀신 쫓는 자요, 영적 치유자로 보았다. "

예수는 자신의 어머니와 형제들과 멀리하기 위해 최선을 다했다. 그들이 예수에게 어떤 다른 사역을 소망했든지 간에, 예수는 자신을 귀신 쫓는 자요, 영적 치유자로 보았다. 이것이 그가 할 수 있는 것이었다. 사람들은 예수에게 도움을 청하기 위해 무리지어 왔다. 어떤 사람들은 예수를 미쳤다고 생각했고, 또 어떤 이들은 예수가 이방 신들을 힘입어 귀신을 내쫓았다고 생각했다(막 3:20-27). 예수의 가족들은 이해하지 못했으며, 그런 소문들을 믿기 시작했다.

예수가 떠나간 후 추종자들은 예수의 껄끄러웠던 관계를 기억했고, 그 기억 속에서 위로를 얻었다. 예수를 따르게 되면서, 그들의 가족과 고향은 그들과 연을 끊었다. 그들은 다른 예수의 제자들과 어울렸기 때문에 생계가 위태로워졌다. 가족에 대한 예수의 가르침—그대의 가족은 그대 주위에 있는 사람들, 즉 하나님의 말씀을 듣고 순종하는 사람들입니다—을 기억하는 것은 위로가 되었다. 그들은 공동체적 회개로 부르심을 받은 것이 혈연관계를 대체한다는 것을 기억하였다.

더 읽어볼 만한 책들

J. P. Meier. *A Marginal Jew: Rethinking the Historical Jesus*, vol. 1. New York: Doubleday, 1991.

Loren T. Stuckenbruck. "Satan and Demons." Chapter 7 in *Jesus among Friends and Enemies*. Edited by Chris Keith and Larry W. Hurtado. Grand Rapids: Baker Academic, 2011.

Gerd Theissen and Annette Merz. *The Historical Jesus: A Comprehensive Guide*. Minneapolis: Fortress Press, 1998.

제2부

주위를 둘러 가장 작은 아무것을 보더라도

에너지라는 존재들이 살아서 빙그르르 춤추고 있지

우리 자신의 몸조차 우리가 지각한 그대로가 아니야

우리의 생각을 만든 재료와 같은 재료지

이 꿈의 세계는 말야

피터 메이어

질문 II
그건 사탄이 … 었던 걸까?

역사적인 명제를 사실로 받아들인다는 것은 어떤 의미인가? 어떤 역사적인 사실을 믿는다는 것인가? 다음과 같은 것 말고 다른 것인가: 이 명제, 이 진리를 타당한 것으로 받아들인다는 것인가? 이에 대해 이의를 제기할 만한 것이 없다는 점을 인정한다는 것인가? 역사적 명제는 어떤 것을 기반으로 한다는 점을 받아들인다는 것인가? 또 다른 역사적 명제는 또 다른 것을 기반으로 하고, 즉 하나의 역사적 사실로부터 다른 것이 뒤따른 다는 점을 받아들인다는 것인가? 어떤 역사적인 것이 자신을 기준으로 다른 역사적인 것을 평가할 권리가 있다는 것인가? 이것 말고 다른 의미일까?

- 고트홀트 레싱(Gotthold Lessing)

성서의 저자들은 정말로 우리가 영적인 세계를 믿을 것이라고 기대했을까? 예수는 정말로 귀신을 믿었을까? 그는 사람들이 사탄에게 홀릴 수 있다고 믿었을까? 마귀에게? **진심으로?** 예수는 귀신에 대해 이야기했을까? 예수는 자신이 귀신들에게 명하여 귀신들을 내쫓을 수 있다고 생각했을까?

예수는 세상을 변화시키려 했을까? 아니면 그저 지혜를 가르치는 선생이었을까? 예수가 그저 선생이었다면, 무엇 때문에 그가 매우 독특했던 것일까? 무엇 때문에 그가 다른 선생이나 예언자들과 같지 않았던 것일까? 예수는 세상의 종말이 다가왔다고 가르쳤을까? 예수는 이런 발상을 어디서 얻었을까? 그가 틀린 것은 아니었을까?

지각 II
이해한다는 것은 해석한다는 것

사람들은 자신들이 볼 준비가 된 것만을 본다.

랄프 왈도 에머슨(Ralph Waldo Emerson)

나는 최근 축귀에 관한 다큐멘터리 제작진들에게 인터뷰 요청을 받았다. 제작자들은 나를 인터뷰하기 전에, 축귀 의식을 찍으러 아프리카, 남아메리카, 북아메리카 전역을 돌아다녔다. 공식적인 인터뷰 전후에, 나는 나 자신을 슬쩍 인터뷰해 보았다. 내가 배운 것은 축귀를 '지각하는 것'이 어렵다는(tricky) 것이다. 근현대적 사고방식(여기에서는 과학적 이성이 왕이다)은 다른 문화에서 귀신으로 봐 왔던 것을 심리작용으로 보려 하는 경향이 있다. 이 제작진들은 몇몇 의식을 목격한 이후 더 이상 강한 확신을 가지고 있지 않았다. 그들이 나를 인터뷰를 했을 때에도, 그들은 자신들이 경험한 것이 무엇이었는지를 아직 정리(process)하지 못한 상태였다.

앞서 나는 지각이라는 바로 그 행위가 해석을 요구한다고 주장했다. 내 주장은 프리드리히 슐라이어마허(Friedrich Schleiermacher, 1768-1834)의 철학에서 기인한 것이다. 슐라이어마허는 해석이 순환 과정이라고 말하였다. 그는 '해석학적 순환'이라는 모델을 상상했다.[1] 이 모델은 문학 비평에서 가장 자주 사용되어 왔다. 순환은 원래 텍스트(즉, 이른바 저자)와 독자 사이의 관계를 설명하는 것이었다. 슐라이어마허는 책의 독자가 텍스트에서 '부분'과 '전체'를 순환하며 해석해야 한다고 주장하였다.[2] 이 주장은 다음과 같이 요약될 수 있다.

(A) 맥락(context) 없이 이해될 수 있는 단독적인 개념은 없다.
(B) 맥락을 구성하는 개념들에 대한 이해 없이, 그 자체로 이해될 수 있는 맥락은 없다.

당신은 저 두 명제에 순환적 성격이 있음을 바로 알아볼 것이다. 그러나 나는 이를 좀 더 풀어 보겠다.

이 책에서 해석학적 순환의 가치는 문학 이론과는 좀 관련이 적으며,

---

[1] '해석학'(Hermeneutics)은 사람들이 해석(interpretation)에 접근하는 방식에 대한 연구다. 예를 들어, 판사는 어떤 일련의 지침, 말하자면 미연방 헌법에 따라서 법을 해석해야 한다. 이러한 지침에 대한 헌신은 하나의 해석술(hermeneutic)로 생각될 수 있다. 그리고 더 깊은 차원에서, 모든 판사는 양육, 사회적 지위, 젠더, 인종, 종교, 철학 등을 거침으로써 법에 선행 전제들을 가져다 놓을 것이다. 또한 이러한 것들은 각각 해석학의 예로 여겨질 수 있다. 이 장의 나머지 부분에서 해석학의 '순환적' 성격을 논할 것이다. 해석학은 사람들이 해석을 사용하는 방식과 방법에 대한 연구다.

[2] 슐라이어마허의 순환에 대한 면밀한 설명은 한스-게오르크 가다머, 『진리와 방법』(Hans-Georg Gadamer, *Truth and Method*. New York: Continuum, 2004. pp. 190-92; 문학동네 2012)을 보라.

사회-심리학과 관련이 있다. 슐라이어마허는 자신의 모델을 문학적 해석을 넘어서 그가 '심리학적' 해석학이라고 부른 것까지 확장시켰다. 그는 사람들이 어떻게 자기 주변의 세계를 해석하려고 하는지에 관심이 있었다. 슐라이어마허는 사고와 언어 사이에 어떤 근본적인 상호연결성이 있다고 제시하였다. 이 순환은 그가 '전이해'(pre-understanding) 내지 '선이해'(fore-comprehension; 독일어 Vorverständnis)를 논할 때 특히 유용하다.

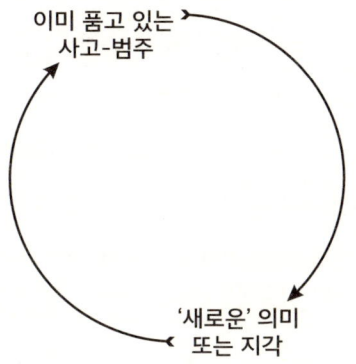

슐라이어마허는 무언가를 이해할 때 이전에 알고 있었던 범주와 그것을 비교하게 된다고 논증하였다. 그는 어린이가 비교의 과정을 통해 새로운 단어를 배우는 예를 들었다. 어린이들은 새로운 단어의 의미를 이전에 정립한 의미 범주와 관련시킴으로써, 새로운 단어의 의미를 이해할 수 있다.

내 조카가 이미 알고 있던 단어는 '공'이었다. 조카는 둥근 것을 볼 때마다 '공'이라고 이름하였다. 그는 야구공을 가리키며 '공'이라고 말했다. 그는 농구공, 테니스공, 비치볼을 보면 같은 행동을 했을 것이다. 실제로 조카가 살면서 봐 왔던 둥근 것들은 대부분 공이었다. 어느 날

밤, 우리는 밖에 나갔는데 날씨가 맑았다. 그리고 조카가 달을 가리키며 말했다. "공이다!" 그때 우리는 조카가 '공'이라고 말할 때, 공이 아니라 '원형'을 의미함을 알았다. 그러나 조카는 우리가 다른 둥근 물체를 '원'이라고 부르는 것을 거의 들어본 적이 없었다. 우리는 대부분의 둥근 물체를 공이라고 불렀다. 조카는 범주 연상을 통하여 자기 주변 세계에 이름을 붙였다. 슐라이어마허는 이런 식의 연상이 '사물을 어떻게 범주화해야 하는지에 대한 이전의 이해'와 '우리 주변에서 새롭게 접한 부분'을 연관 짓는 자연스런 방식이라고 주장하였다.

사람은 새로운 단어를 배울 때 복합적인 지각을 언어-범주에 맞춰야 한다. 구 모양에, 질감이 살아 있고, 여러 재료를 꿰맨 자국이 있으며, 추억 속에서 우리 손에 들려 있었던 것을 보통 '공'이라고 부른다. 우리는 대부분 이런 종류의 대상을 '공'이란 단어와 연결시키는 방법을 언제 처음 배웠는지 기억하지 못한다. 그러나 내 조카의 미숙한 언어-범주에서 보는 것처럼, '공'은 얼마든지 많은 대상과 연결될 수 있다―공은 제한된 범위의 의미를 지녔음에도 꽤 유용한 단어다. 무언가에 어떤 단일한 이름을 적용하는 것은 우리가 그 사물을 지각하는 방식을 인도한다.

조카가 원래 가지고 있었던 '공'이라는 범주는 그가 새로운 대상들을 만나면서 달라져야 했다. 그는 럭비공과 맞닥뜨리면서, 공이라는 이름이 붙은 몇몇 물체들은 다른 공들만큼 둥글지가 않다는 점을 배웠다. 그가 프리스비 원반을 맞닥뜨리면서, 모든 면이 둥글지 않은 원반도 공으로 분류될 수 있다는 점을 배웠다. 결국 조카는 연관 짓기를 통해 '구'(球)와 '게임' 같은 범주를 배웠다. **따라서 이제 조카에게 '공'이란 단**

어의 개념은 전에 가졌던 개념과 다르다. 이 언어-범주는 그것이 원래 가졌던 것과 다른 의미를 갖는다.

이 점을 이해하는 것은 절대적으로 중요하다. 이는 해석이란 것이 계속 변하고 유동적임을 암시한다. 그리고 이것이 더 중요한 이유는, 재해석이 지각 과정에서 필수적임을 보여 준다는 점 때문이다. 내 조카가 나이를 먹었는데도 여전히 달을 '공'으로 부른다면 부딪히게 될지도 모를 문제에 대해 생각해 보자. 이는 슐라이어마허가 해석학의 '문법적' 측면이라는 용어로 불렀던 것이다.

슐라이어마허는 해석학과 일반적인 지각의 범주를 관련시키며 이를 더 자세히 풀어 나갔다. 슐라이어마허는 사람이 "필요에 따라 지각하여 구성할 수 없는 것은 이해될 수 없다. 이 원리에 따라서, 이해란 끝없는 과업이다"³라고 썼다. 끊임없이 움직이는 순환처럼, 해석과 지각은 우리의 사고를 형성하기 위해 함께 춤춘다—서로가 서로를 이끈다. 이는 이해에 관한 슐라이어마허의 두 번째 정의로 이어진다: "해석되지(construed) 않은 이해란 없다."⁴ 지각/해석(perception/interpretation)에 대한 **해석**(construal)이라는 이 개념은 나의 기억 이론과도 매우 밀접하다. 나는 이 책에서 나중에 이에 대해 논할 것이다.

---

3   Friedrich D. E. Schleiermacher, Hermeneutics: The Handwritten Manuscripts (Missoula, MT: Scholars Press, 1977), p. 41.

4   Friedrich D. E. Schleiermacher, *Notes*, 1809. K. Mueller-Vollmer, *The Hermeneutics Reader* (New York: Continuum, 1985), p. 8에서 재인용. 여기에 다음과 같이 두 부분으로 된 정의가 함께 나온다: "무의미한 것이 남아 있지 않으면 모든 것이 이해된다. 해석되지 않는다면 아무것도 이해되지 않는다." 한스-게오르크 가다머는 *Philosophical Hermeneutics* (Berkeley: University of California Press, 1976), p. 7에서, 이 정의의 첫 번째 부분을 역사적 낭만주의라는 맥락 안에 올바로 위치시키고, 현대의 해석자들에게 그것의 유용성을 물었다.

문화적 초점 E : 그리스적인 로마

예수가 태어나기 전 수 세기 동안 이스라엘은 정치적 노리개였다. 앗수르와 바벨론과 같은 거대 제국이 이스라엘을 점령했고, 이스라엘에는 자치권을 조금밖에 주지 않았다. 거대 제국들이 힘겨루기를 할 때, 이스라엘은 그 중간에 끼어 있었다. 이런 상황은 알렉산더 대제가 그리스어 세계를 확장하던 시기에도 계속되고 있었다. 우리는 이렇게 그리스 언어와 문화가 보편화된 시기를 '헬레니즘'이라고 부른다.

로마 제국은 그리스의 쇠퇴에 이어 일어났다. 그러나 로마인들은 그들 바로 앞의 그리스를 따라서 자기 문화의 상당수를 형성하였다. 몇몇 그리스 신들에 대한 예배와 나란히, 어떤 민주주의적 이상들이 계속 이어졌다. 물론 이 신들은 확실히 로마적인 정체성을 가지게 되었다. 결국 로마의 '민주주의'(혹 더 정확하게는 민주주의적 과두 정치)는 전제 정치와 가이사 숭배로 변하였다. 이는 〔율법을 엄수하는〕 철저한 유대인들에게는 불쾌하고 억압적인 상황이었을 것이다.

신약성서의 상당수는 유대인들이 이러한 문화에 반작용하며 쓴 것이다. (1) 신약성서는 그리스어로 쓰였다. (2) 아주 초창기에 그리스도교 지도자들 사이에 있었던 논쟁 중 하나는 이방 신자들에게 있어서의 음식법(Kosher law)의 위치와 관련 있었다. (3) 또 다른 논쟁은 할례의 역할에 달려 있었다.

예수의 생애에 대해 읽을 때, 로마의 정치적, 종교적 제국주의가 주된 관심사였다는 점을 염두에 두어야 한다. 예수는 로마 제국에서 하위 계층이었을 뿐만 아니라, 소위 '약속의 땅'으로 불리는 곳에 침입자가 나타남으로 말미암아 예수의 종교적 신념들은 언제나 위태로운 것이었다. 유대인들의 종교적 정체성은 정치적 자주성과 종교적 자유라는 개념 위에 세워진 것이다. 이것들이 없이는 참 평화도 있을 수 없었다.

빌헬름 딜타이(Wilhelm Dilthey, 1833-1911)는 해석학적 순환을 수용하고 이를 정의했다.[5] 딜타이에게 있어 해석학적 순환은 "모든 이해가 언제나 상대적인 것으로 남아 있음"[6]을 의미했다. 이것은 모든 결론이 늘 잠정

---

[5] 딜타이는 우리의 세계관이 각자의 체험의 산물이며, 그리고 체험은 사람마다 다르고 문화마다 다르기 때문에 세계관도 다르다고 논증하였다. (H. A. Hodges, *The Philosophy of Wilhelm Dilthey* [London: Routledge & Kegan Paul, 1969], p. 31). Cf. discussion in S. J. Grenz, *A Primer on Postmodernism* (Grand Rapids: Eerdmans, 1996), pp. 99-103. Cf. also http://plato.stanford.edu/entries/dilthey/.

[6] W. Dilthey, "The Development of Hermeneutics," in Dilthey: *Selected Writings*, ed. H. P. Rickman (Cambridge: Cambridge University Press, 1976), pp. 258-59.

적일 뿐임을 의미하기 때문에, 딜타이는 이를 애석하게 생각했다. 그가 생각하기에, 해석의 순환적 과정은 과학적 확실성을 불가능하게 만든다. 그것은 '잘못된 순환'이었다―쳇바퀴에서 내려오지 않는다.

딜타이 시대의 철학자들은 과학적 지식을 통해서 인간이 완전함을 얻으리라는 전망에 심취해 있었기 때문에, 딜타이에게 있어 이것은 문제가 되었다. 모더니티는 지식에 매우 선형적으로 접근했다(한다). 즉, 과학자들은 사실을 수집하여 편견 없이 해석한 후, 자신에게 나타난 문제들을 해결하려고 했다. 모더니티의 핵심 발상 중 하나는 인류가 결국 전 세계의 문제들을 해결할 수 있는 충분한 지식을 얻게 될 것이란 생각이었다(이다). 즉 과학으로 구원을 얻는다. 그러나 딜타이가 본 것처럼 지식이 늘 불완전할 뿐이라면, 과학자들은 늘 원점으로 돌아가게 되고, 문제들이 최종적으로 해결될 수 없다. 딜타이는 생각하기를, 끊임없는 해석은 과학자들이 항상 아무런 소득도 없이 에너지를 쏟고 있음을 의미한다고 생각했다.

그러나 '근대' 철학자들에게 문제가 되는 것이 포스트모던 철학에서는 전혀 문제가 되지 않는다. 포스트모던 사상에 있어서(역사 철학도 포함하여) 중요한 선구자인 실존주의 철학자 마르틴 하이데거(Martin Heidegger, 1889-1976)가 있다.[7] 하이데거는 순환성의 '문제'를 언급하였다.[8] 지식에 관한 그의 철학은 '앞서 가짐, 앞서 봄, 앞서 파악함'[9]이라는 개념을 논함으로써 해석학적 순환과 붙어 있다. 하이데거가 쓴 거의

---

[7] 실존주의와 포스트모던 철학을 헷갈리지 않는 것은 중요하다. 나는 전자를 후자의 선구자로 보지만, 둘을 확실히 구별해야 한다고 생각한다.

모든 글이 그렇듯이, 그의 발상을 간추리기란 어려운 일이다. 나는 예측(anticipation〔보통은 '선구' 내지 '앞질러 달려가 봄'으로 번역한다〕)을 예로 들면서, 그의 복잡한 사상에서 작은 조각 하나를 취해 보려고 한다.

인간의 공통된 경험인 간지러움을 통해 예측의 한 측면을 생각해 보자. 내 딸이 다섯 살 때 내가 앉아 있는 소파에 누워서 자기에게 '간지럼 참기 테스트'를 해 달라고 했다. 어떤 부모든 간에 이런 일은 다섯 살짜리들만 하는 일임을 안다. 6살 때까지 간지럼 참기 테스트를 해달라고 할지는 불투명한 일인지라, 이 기회를 대수롭게 여겨서는 안 된다. 간지럼 참기 테스트를 하는 방법은 집집마다 다양한데, 우리 집에서는 다섯 살 딸이 가만히 누워서 눈을 감고 있어야 성공한 것이다. 내가 제일 좋아하는 차례가 왔다. 나는 손도 까딱하지 않고 딸에게 지금 바로 목부터 시작할 것이라고 알려 준다. 딸은 당연히 움찔하며 웃음을 터뜨리고, 간지럼을 미리 예측하고 목을 가린다. 다섯 살 때 내 딸은 한 번도 간지럼

8   하이데거는 자신의 책 『존재와 시간』에서 종종 논의를 진전시키기 위해서 자기 자신의 논증에 반론을 제기한다. 그가 제기한 물음 하나는 이해의 문제에 관한 것이었다. 그의 목표는 현존재(Dasein, 즉 실존에 '던져짐'의 한복판에서 책임 있고 진정성 있게 사는 인간)를 이해하기 위한 수단을 제시하는 것이었다. 하이데거는 현존재를 이해하기 위해서는, '존재'가 무엇인지에 대한 어렴풋한 이해라도 미리 가지고 있어야 한다는 점을 인정한다. 하이데거는 이것의 순환성을 인식하면서, 우리는 언제나 우리 주변의 세계에 가능성을 투사한다는 점에서 모든 이해가 순환적이라고 논증한다. 이것은 그가 해석학적 순환을 적용한 보다 넓은 맥락이다. R. Polt, *Heidegger: An Introduction* (London: Routledge, 1998), pp. 30-31, 70-71의 논의를 보라.

9   독일어 원어로는 "Vorhabe, Vorsicht und Vorgriff"이다. M. Heidegger, 『존재와 시간』(*Sein und Zeit*, Tübingen: Max Niemeyer, 1961, pp. 150-51; 까치, 1998) 나중에 폴 리쾨르는 '추측'(guess)과 '검증'(validation)의 측면에서 순환을 묘사함으로써 '앞서 파악함'의 역설적 성격을 완화하려 했다. (*Interpretation Theory: Discourse and the Surplus of Meaning* [Fort Worth: Texas Christian University Press, 1976], p. 79).

참기 테스트를 통과한 적이 없었다. 나도 손가락 하나 까딱해 본 적이 없었다. 다섯 살짜리 아이에겐 말 한마디만으로도 간지럽히는 것이 완전 가능하다. 아이들에게 목이 위태로울 거라고 말하면, 아이들은 자신들의 예측만으로도 간지럼을 탄다. 이것은 하이데거의 복잡성 가운데서 만날 수 있는 하나의 현실이다: 지각에 대한 예측이 지각 자체를 결정한다. 이와 동시에, 내 딸이 목에 간지럽힘을 당한 적이 한 번도 없었다면, 그러한 경험을 예측하기 위한 준거 틀도 없었을 것이다.

이 장을 시작하면서 들었던 예를 생각해 보자. 축귀 의식을 몇 번 목격했던 영화 제작자들은 자신들이 무엇을 보게 될 지를 미리 생각하고 있었다. 그들은 자신들이 본 것을 정리하기 위해 자신들의 기억에 남아 있는 과학적 훈련과 통속 심리학을 사용했다. 그러나 새로운 경험을 얻으려면, 자신들이 이전에 붙들고 있었던 생각들을 재평가해야 했다. 그들은 새로운 사고를 형성했고, 새로운 결론에 이르렀다. 아마도 그들의 세계관이 넓어졌을 것이다. 그러나 이것은 내가 말하려고 하는 것이 아니다. 다만 내가 말할 수 있는 것은 그들이 처음 지각했던 것을 오랜 시간에 걸쳐 해석해 왔다는 점이다.

> **"** 새로운 지각의 해석에는 자연히 이전의 경험의 재활용이 들어간다. **"**

영화 제작자들이 처음 지각했던 순간, 그들은 자신들이 가정했던 바를 재고하게끔 만드는 것을 목격했다. 적어도 그들은 인간의 심리에 대해 새로운 무언가를 배웠다. 다큐멘터리를 만들고 영화를 검토하는 과정에서, 그들은 귀신이 실재하는지에 대해 물었다(이 부분이 내가 이들과 대담을 나눈 요지다). 그들은 현대 미국 문화에 몸을 담그고 안전거리를 유지하며, 결국 자신들이 처음에 가정했던 것과 아주 가까운 결론에 이르렀다. 그들은 자신들의 '축귀' 경험을 회상하고, 이를 순전히 심리적인 측면으로 해석했다. 사회적 맥락은 지각을 형성하고, 새로운 사회적 맥락은 이를 재형성한다.

새로운 지각이 원래 지니고 있던 사고-범주들에 맞춰지는 것, 그리고 사고-범주들이 새로운 지각을 수용하기 위한 끊임없는 변화 속에 남아 있는 것을 흔히 볼 수 있다. 더 간단히 말하자면, 당신은 당신이 이미 이해하고 있던 것을 이해하는 것이다. 동시에, 새로운 이해가 더 들어올 수 있을 만큼 이전에 붙들고 있던 개념들이 유연할 때에만, 이해가 가능하다. 이것이 순환적으로 들린다면, 이것이 원래 순환적인 것이기 때문에 그런 것이다. 하이데거에 따르면, "어떤 해석이든 해석이 이해에 기여하려면, 해석되어야 하는 것을 이미 이해하고 있어야 한다."[10] 하이데거는 조심스럽게 이런 순환성에 단서를 붙인다.

> 그러나 만약 해석이 어떤 경우든지 이미 이해된 것 안에서 작동해야 한다면, 그리고 이미 이해된 것에서 해석의 양분을 얻어야 한다면, 어떻게 해석이 순환 속에서 움직이지 않고 학문적인 성과를 가져올

---

[10] M. Heidegger, *Being and Time*, trans. John Macquarrie and Edward Robinson (London: SCM, 1962), p. 194. 『존재와 시간』.

수 있겠는가? 게다가 이미 상정된 이해가 인간과 세계에 대한 평범한 정보 속에서 작동하는 것이라면? (…)

그러나 만약 우리가 이 순환을 악순환으로 보고, 이러한 순환을 피할 길을 찾는다면, 혹은 그저 이러한 순환을 피할 수 없는 불완전함으로 '느끼고' 있다 하더라도, 이는 이해의 행위를 근본에서부터 오해해 온 것이다.[11]

따라서 하이데거는 지각의 주관성 때문에 지식(여기서는 역사적 지식)이 불확실(dubious)하다는 견해에서 떠났다. 우리가 신중함을 유지하면서 동시에 예측과 투사를 하고 있다는 점을 받아들인다면, 역사적 지식을 분석하는 일은 '가장 정밀한 과학'(하이데거는 수학을 의미했다)만큼이나 엄밀한 것일 수 있다. 하이데거는 역사가가 순환에서 빠져나오는 것이 아니라, 올바른 방식으로 순환 속에 들어가야 한다고 주장했다. 왜냐하면 "이해의 순환은 어떤 임의적인 성격의 지식이 움직이고 있는 궤도가 아니기"[12] 때문이다. 자기 자신에 대해 인식하고 있는 사람들에게 있어, 순환은 실재를 왜곡하는 것이 아니다. 순환은 이전의 생각-범주, 예측, 투사를 사용하여 새로운 지각을 의미 있게 만드는 것이다.

하이데거는 다음과 같은 두 가지 점을 명확하게 했다. (1) 지각에 내재한 주관성은 역사가들이 애석해 할 것도 아니며, 피해가야 할 것도 아니다. (2) 새로운 지각의 해석에는 자연히 이전의 경험의 재활용이 들어간다.[13]

11   Heidegger, *Being and Time*, p. 194 (영역자의 강조).
12   Heidegger, *Being and Time*, p. 195.

내 조카의 경험에서 봤던 것처럼, '공'이라는 개념은 몇몇 대상들을 분류하기 위해 그 대상들에 투사한 것이다. 조카는 '공'이란 범주가 넓어지고 명확해지기 전까지, 언어적 연관을 시도했다. **범주 투사는 지각을 형성하고, 지각은 범주를 재형성한다.** 내 딸의 경험에서 본 것처럼, 간지럼에 대한 예측이 간지럼이란 감각을 결정했다. 역으로 딸의 예측은 이전의 경험에 의해 결정된 것이다. **예측은 지각을 형성하고, 지각은 예측을 재형성한다.**

우리가 이 논의를 포스트모던이라는 무대로 옮겨 가면서, 실재의 본성에 대한 물음들이 표면화될 것이다. 우리는 정말로 우리를 둘러싼 세계에 대해 직접적인 지각을 가지고 있는가? 아니면 우리의 사고-범주 투사에 기초하여 우리의 실재를 창조하는가? 실재에 대한 우리의 지각은 우리의 세계관에 의해 제한되는가? 해석학적 순환은 우리가 지각할 것을 예상함으로써 실재를 보는 관점이 형성된다는 점을 시사한다.

더 읽어볼 만한 책들

Hans-Georg Gadamer. *Philosophical Hermeneutics*. Translated by David E. Linge. Berkeley: University of California Press, 1976.

Martin Heidegger. *Being and Time*. Translated by John Macquarrie and Edward Robinson. London: SCM, 1962. 『존재와 시간』(이기상 역, 까치, 1998).

13　물론 이것이 하이데거의 해석 과정의 목표는 아니다. 가다머는 "해석은 결국 더 알맞은 것으로 대체될 앞서 파악함에서부터 시작된다"(*Truth and Method*, p. 267)라고 진술함으로써 하이데거의 모델을 요약한다. 그러한 '더 알맞은' 파악은 이후의 지각 과정에 의미를 앞서 파악한 것으로서 투사된다.

기억 II
유동성과 안정성

> 기억을 소중히 여기세요. 되살릴 수 없을 테니까요.
>
> 밥 딜런(Bob Dylan)

> 기억을 소중히 여기세요. 되살리지 않을 테니까요.
>
> 밥 딜런(Bob Dylan)

나는 이 챕터를 중간 쯤 썼을 때 밥 딜런의 콘서트에 갔다. 밥 딜런을 좋아하는 팬들이 말하는 것처럼, 이제 그의 콘서트는 심오함과 알아듣기 어려운 것이 똑같이 공존한다. 그는 20세기에 가장 영향력 있는 작사가다. 그러나 그가 노래할 때는 가사가 잘 안 들린다. 그의 목소리는 거칠고 발음이 모호하고, 또 그는 가사를 뭉뚱그려 발음한다. 그러나 여전히 그는 밥 딜런이다.

그가 새로운 앨범의 곡들을 노래했을 때, 나는 가사를 이해하지 못했다. 그러나 그가 1960년대와 70년대에 발표한 곡들을 노래하면, 가사 하나하나가 다 들린다. 나는 솔직히 말할 수 있는데, 예전 곡이 잘 들리는 이유는 그가 예전에는 가사를 더 또박또박 발음했기 때문이 아니다. 그 반대도 마찬가지다. 내가 몇몇 가사들은 잘 알아듣고 어떤 가사들은 못 알아듣는 이유는, 잘 들리는 몇몇 곡의 경우 라디오와 LP판과 CD와 공연에서 수백 번도 넘게 들었기 때문이다. 나는 그 가사들을 외우고 있고, 그래서 나는 그 가사들이 보다 명확하게 '들린다.' 딜런이 음반과 약간 다르게 불렀을 때도, 나는 가사 내용을 알 수 있었다. 내가 그 노래의 일반적인 맥락, 박자, 리듬에 익숙했기 때문이다. 아마도 가장 중요한 점은 그 노래가 나에게 의미를 전달한다는 점일 것이다. 내 기억에 남아 있는 가사는 기계적으로 암기한 것이 아니다. 나는 그 가사들을 외우려 한 적이 없었다. 시간이 흐르면서 내 의식 속으로 그저 스며들었다. 따라서 나는 콘서트에서 딜런이 새로운 가사로 부를 때, 원래의 가사가 반영된 것임을 자연스럽게 지각할 수 있었다.

이 콘서트는 내가 이 책의 두 가지 주요 주장을 강화하게 도와주었다. (1) 기억은 현실의 지각을 해석하도록 도우며, 그 역도 마찬가지다. (2) 해석은 기본적인 것이면서도 가장 중요한 것이다. 이를 염두에 두고, 나는 기억 패턴(나중에 난 기억 굴절이라고 부를 것이다)에 관한 연구가 해석학적 순환 모델을 더 보완하고 있다는 제안을 하려 한다. 슐라이어마허와 다른 이들이 주장해 온 것처럼, 해석은 계속 진행되는 순환적 과정이다. 나는 기억이 이렇게 끊임없이 순환하는 운동에 요구되는 추진력으로서 기능한다고 제안한다. 내가 다른 곳[1]에서 제시했던 것처럼, 최근의 기억 이론은 해석학에 관한 논의를 유용한 방식으로 진전시킨다. 아래 도식이 나타내는 바와 같이, 기억은 특정한 패턴으로 나아간다. 이러한 패턴은 '새로운' 의미와 '새로운' 지각이 이전의 사고-범주 안에 자리하도록 돕는다. 밥 딜런 콘서트에서 내가 지각한 것은 내가 이전에 기억하고 있던 노래 가사 안에 자리하게 된다. 이런 식으로, 나는 내가 '새롭게' 지각한 가사들에 의미를 투사할 수 있다.

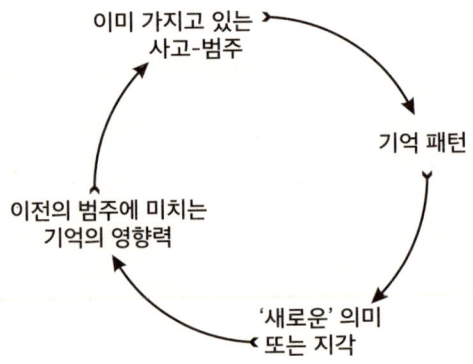

위 도식이 또한 나타내는 바는, '새로운' 지각이 이전의 범주 안에 일단 자리를 잡으면, 그 과정 속에서 이전의 범주가 영향을 받는다(따라서 변한다)는 점이다. 이제 나는 밥 딜런의 음악을 예전에 나온 음반으로 들을 때마다, 지금 듣는 이것을 콘서트 기억이라는 틀 속에 맞춘다.

1　Le Donne, *Historiographical Jesus: Memory, Typology, and the Son of David* (Waco, TX: Baylor University Press), pp. 41-64.

이 오래된 노래는 나에게 새로운 의미가 있다. 가장 중요한 점은, 내가 내 기억에 가한 변화가 현시점에서 그 기억을 이해하게 만드는 기능을 한다는 점이다. 기억의 유동성은 기억이 한결같으며 신뢰할 만한 것으로 보이게 만든다.

이와 관련하여, 내가 묘사한 콘서트는 또한 '구전'(orality)의 성격을 이해하는 데 도움을 준다. 구전은 기록(literacy)과 대비되는 말로 사용된다. 그 콘서트는 기록 행위와 발화 행위를 구별해 준다. '구전 문화'에서는 의사소통하고, 기억하고, 전승하기 위해 발화된 말이 기본적으로 사용된다. 문맹이 대부분인 문화는 자동적으로 구전 문화다. 현대 미국 문화는 식자율이 매우 높지만, 나는 밥딜런 콘서트에서 내가 경험한 것을 통해 구전 문화가 본능적으로 알고 있는 것, 즉 **구전은 유동성(가변성)과 안정성이 균형을 이룬다는 점**을 엿볼 수 있었다.

내가 이것을 가지고 의미하고자 하는 바를 설명하려 한다. 구전을 공부하는 학생들은 모든 구두 발화 행위가 역동적이고 유동적이라고 말할 것이다. 발화자는 아무래도 발화에 변화를 주는데, 이는 의도적이기도 하고 잠재의식적이기도 하다. 발화자와 청자의 상호 필요에 따라 세부 내용이 바뀌고, 강조점이 변하며, 대사가 생략되고, 배경 설명이 이루어진다. 이것이 내가 '유동성' 부분에서 의미하려 한 것이다.

밥 딜런은 전통적인 포크송과 컨트리송이라는 레퍼토리를 익힘으로써 활동을 시작했다. 이런 이유로 젊은 딜런은 나이든 포크송 가수인 우디 거스리를 답습했다. 가수 피트 시거는 거스리와 그 옆에 나란히 딜런을 놓고 그들에게 배운 것에 대해 이야기했다.

내가 오래된 노래들을 잘 알게 되었을 때, 나는 사람들이 이 노래들을 항상 바꿔 부른다는 점을 깨달았다. 이것이 수천 년이 되어 가는 오래된 과정이라고 생각해 보자. 사람들은 오래된 노래를 부르면서 약간씩 변화를 주고, 무언가를 추가하기도 하고, 새로운 사람들에게 맞춰서 부르기도 한다. 다른 모든 분야에서도 이런 일들이 벌어진다. 그래서 나는 이 기나긴 과정에 들어 있는 한 사람이며, 다른 수많은 음악가들도 마찬가지이다. 그리고 우디는 그 안으로 바로 걸어 들어갔다. 우디는 언제나 새로운 가사를 만들고 있었다. 현실의 삶, 현실 속 사람들, 현실에서 벌어진 일들에 대한 노래. (…) 나는 우리 모두가 우디의 자식이라고 생각한다. [2]

전통적인 노래와 민속 신화를 구두로 전승하는 것에는 변화의 과정이 나타난다. 당연히 밥 딜런의 노래도 이런 성격을 띤다. 그의 음악은 셀 수 없을 만큼 많은 가수들과 밴드들에 의해 리메이크되었다. 그의 노래 〈All long the Watchtower〉가 완벽한 예다. 딜런 이후에 지미 헨드릭스는 이 노래에 새로운 생명을 불어 넣었다. U2도 1980년대에 그렇게 했다. 데이브 매튜스 밴드는 1990년대에 리메이크했다. 저마다의 연주로 이 노래는

2 "No Direction Home." Directed by Martin Scorsese. *American Masters*; Public Broadcasting Service, 2005.
3 이 노래의 녹음 버전과 라이브 버전의 차이를 내가 실제로 구분할 수 있다는 점은 내가 속한 문화의 기본 상태가 기술적 장치에 의해 매개되는 기록 가능한 상태임을 암시한다. 구두 문화에서 양육 받은 사람들은 소리를 녹음할 수 있는 수단이 없기 때문에 변화〔차이〕에 둔감할 수도 있다.

새로운 모습을 띠게 되었다. 그러나 여전히 그때마다 그것이 같은 노래임을 알 수 있다. 이것이 안정성이란 말로 내가 의미하는 바다. 이 노래의 정체성과 정신이 지켜질 만큼 핵심 요소들이 충분히 들어 있다.

내가 최근 10년 동안 들은 딜런이 연주한 〈All Along the Watchtower〉는 내가 기억하고 있던 노래와 확실히 같은 노래였다. 동시에 새로운 창조이기도 했다. 따라서 '변화와 안정'이다. 밥 딜런은 포크 음악과 민속 음악에서 이 핵심 특징을 빌려와서, 이를 자신의 음악에 스며들게 했다.[3]

문화적 초점 F : 정치 설교

사람들이 예수에 대해 가지고 있었던 가장 흔한 견해는 그가 '선생'이었다는 점이다. 나는 이러한 진술이 유용한 사실인지 여부가 종종 궁금했다. 가장 확실한 점은 이것이 사실이란 점이다. 예수는 공공연하게 가르쳤다. 예수에게는 그에게 배우고자 제자가 된 학생들이 있었다. 예수가 가르치는 일을 했다는 점에 대해서는 아무도 의문을 제기하지 않는다. 그러나 예수에 대한 이러한 묘사에는 아주 오도될 여지도 있다. 현대 서구인들의 귀에는 가르친다는 말이 세속적인(비종교적인) 행위로 들린다. '설교하다'(preaching)라는 말은 종교적으로, 심지어 대결적인 어감으로 들리는데, '가르치다'라는 말에는 그런 어감이 별로 없다. 예수를 선생님으로 부르는 것은 나의 문화적 맥락에서는 맹수에게서 어금니를 뽑은 느낌이다. 오히려 예수는 종교적인 설교자였을 뿐만 아니라, 그의 일상적인 설교는 정치와 관련되어야 했다.

마태에 따르면, "예수께서 온 갈릴리를 두루 다니시면서, 그들의 회당에서 가르치며, 천국의 복음을 설교하셨다"(4:23). '가르치다'와 '설교하다'라는 범주가 이 개괄적인 구절에서 겹쳐져 있다. 여기서 마태는 예수의 중심 메시지를 '천국에 대한 복음'으로 요약하고 있다.

'천국'(kingdom)이란 단어는 민주주의 국가에 사는 사람들에게는 별로 정치적으로 들리지 않겠지만, 예수의 말씀을 듣고 있었던 사람들에게는 확실히 정치적인 범주였다. 예수는 압제당하고 있는 피지배 민족에게 신정 국가에 대해 설교하고 있었다. 가이사가 신으로 여겨지던 곳에서 하나님 나라에 관한 '좋은 소식'은 가이사에게는 '나쁜 소식'을 의미했다. 예수는 그냥 '설교'만 한 것이 아니라, 중립을 지킬 수 없게 만드는 주제를 선택하여 설교했다. '예수는 선생님이었다'라는 주장을 성실하게 유지하기 위해서는 이 말이 은연중에 내비치고 있는 소극성과 중립성(impartiality)이라는 개념을 먼저 뒤흔들어야 한다.

기록 문화와 구전 문화의 차이를 이해하는 것은 우리에게 중요하다. 왜냐하면 최초로 예수를 기억했던 문화는 거의 구전 문화였기 때문이다. 그의 말과 행동은 처음부터 글로 남겨진 것이 아니었으며, 문서로 보존되지도 않았다. 예수의 말과 행동은 구전 공동체에 의해 **기억되었다**. 예수가 기억할 만한 비유를 이야기할 때마다, 몇몇 목격자들이 어느 정도 유동적이면서도 안정적으로 그 비유를 기억하였다. 예수가 승리한 모든 공개 토론은 여러 번 반복적으로 기억되었다.

우리가 이제 복음서에서 읽을 이야기는 양피지에 기록하기에 앞서 20년 넘게 예수의 제자들의 집단 기억 속에 존재하였다. 이 점이 중요한 이유는 다음 장에서 보게 될 것이다. 이번 장에서 나는 그저 예수의 말과 행동이 처음부터 유동성과 안정성을 띠며 기억되었다는 점을 강조할 것이다. 예수의 생애에 대한 자료를 다룰 때, '원래의' 문서들이라는 것은 발견된 적이 없다. 그런 것은 없다.

> " 아이러니하게도, 가장 안정적인 기억이 또한
> 가장 유연하고 가변적인 경우가 종종 있다.
> 어떤 공동체에게 더 중요한 기억일수록, 더욱 많이 해석될 것이다. "

나는 이번 장에서 한 가지 주장을 더 보탤 것이다. 기록 문화에 사는 우리들—당신이 이 책을 읽고 있다면, 당신도 포함된다—에게는 전화 게임(game of telephone)이 생각날 수도 있다. 이것은 게임에 참가하는 사람

유동성과 안정성 | 117

들이 원형으로 둘러앉아서, 귓속말로 옆 사람에게 말을 전달하는 게임이다. 크고 분명한 목소리로 말을 전달하면 안 되고, 귓속말로 딱 한 번만 전달해야 한다. 귓속말로 전달할 때마다 시작한 사람이 뱉은 '원래의' 말은 조금씩 달라진다. 옆 사람에게 전달하여 마지막 사람에게 도달했을 때, 마지막 사람이 큰 소리로 자기가 들은 말을 내뱉으면, 모두들 어떻게 그 말이 이렇게 변했을까 하며 웃는다.[4]

이 활동에서는 구전 과정이 통제되지 않았다는 점을 알아야 한다. 이는 안정성은 없고 유동성만 있는 활동이다. 대다수의 인간 문명은 문자가 거의 없는 문화로 작동되었다. 우리는 이 모든 문명이 아이들 장난과 비슷한 수준이라고 상상해야 할까? 이집트, 로마, 영국, 마야 등의 황금기에는 사회적 의사소통에 대한 신뢰성이 없었을까?[5] 아니다. 구전 문화들은 대단한 언어 능력을 발휘했다. 인간의 마음은 계속 활동하고 움직일 때, 어마어마한 양의 정보를 굉장히 정확하게 기억할 수 있다. 예수가 양육 받은 구전 문화에서는 총명한 아이들이 이야기, 법, 시, 노래 등 전체 장서를 기억하도록 훈련시켰다.

예수가 살던 문화에서는 다양하게 기능하는 다양한 방식의 기억이 있다. 중요한 이야기, 중요한 격언들은 무심결에 기억되지 않았다. 랍비가 제자들에게 무언가 중요한 것을 전할 때에는 기억이 높은 수준의 안정성을 유지할 것이라고 예상하였다.

[4] 내가 고백해야 할 것이 있는데, 이 게임을 할 때마다 나는 의도적으로 내가 귓속말로 전해 들은 것과 다른 새로운 문장을 지어내서 전달한다. 터무니없을수록 더 재밌다.

[5] 마야 문화는 초기 영국과 같이 기록할 수 있는 언어가 완전히 개발된 것으로 알려져 있다. 그러나 대부분의 일반 마야인들은 문맹이었으며, 따라서 기본적으로 구두 문화였다.

아이러니하게도, 가장 안정적인 기억이 또한 가장 유연하고 가변적인(malleable) 경우가 종종 있다. 어떤 공동체에게 더 중요한 기억일수록, 더욱 많이 해석될 것이다. 기억 III장으로 넘어가서 기억 굴절에 대해 논할 때, 나는 이 진술을 풀어볼 것이다.

더 읽어볼 만한 책들

James D. G. Dunn. *Jesus Remembered*. Cambridge and Grand Rapids: Eerdmans, 2003. 『예수와 기독교의 기원』(새물결플러스, 2010).

W. Kelber. *The Oral and the Written Gospel: The Hermeneutics of Speaking and Writing in the Synoptic Tradition, Mark, Paul, and Q*. Philadelphia: Fortress, 1983.

역사 II
확실성과 역사 사이에서

역사적 의미와 시적인 의미가 그 궁극에 있어서 모순이어서는 안 된다. 시가 우리가 만든 작은 신화라면, 역사는 우리가 살고 있는 큰 신화이고, 우리의 삶 속에서 끊임없이 리메이크하는 신화이기 때문이다.

로버트 펜 워런(Robert Penn Warren)

역사란 없다. 단지 개연성의 정도가 서로 다른 허구들만 있을 뿐이다.

볼테르(Voltaire)

역사적 예수 연구는 4백년 정도 된 분야다. 그 시간들 동안 '실제' 예수를 복원하지 못하는 자신들의 무능함으로 고뇌 또는 좌절을 표하는 역사가들이 있어 왔다. 이 학자들에 따르면, 복음서가 지닌 전설적인 성격으로 인해 역사의 예수는 불확실성으로 가려져 있다.

초기의 예수 역사가인 고트홀트 레싱(1729-81)은 대놓고 예수에 대한 수많은 초자연적인 보고들(reports)을 믿을 수 있었으면 좋겠다고 하였다.[1] 이 보고들이 담고 있는 이야기들은 그저 불확실성으로 이어지는데, 왜냐하면 이것들이 예수가 살았던 현실과 아귀가 맞지 않기 때문이다. 레싱은 한탄하기를, 역사적 불확실성은 "고약한 드넓은 틈이다. 그것은 내가 건너갈 수 없는 너머에 있다. 그러나 나는 종종 진지하게 뛰어넘어 보려고 시도해 왔다."[2]

레싱의 짧은 글은 이전 세대가 전쟁하며 매설했던 일촉즉발의 지뢰와 같다. 나는 이것을 읽으면서 내가 기본적으로 지니고 있는 사고-범주들이 여전히 근대적 사고에 머물러 있음을 상기하게 되었다. 내가 주장한 것과 달리, 나의 고뇌는 레싱의 고뇌와 너무도 닮았다. 인간의 지각에 대한 레싱의 개념에 주의를 기울여 보자.

> 문제는 성취된 예언에 대한 **보고들**이 곧 성취된 예언은 아니라는 점이며, 기적에 대한 **보고들**이 곧 기적은 아니라는 점이다. 예언이 내 눈 앞에서 성취되고 기적이 내 눈 앞에서 일어난다면 즉시 효과가 있다. 그러나 성취된 예언과 기적에 대한 보고들은 어떤 매체를 통해 작동해야 하는데, 그 매체는 보고들로부터 모든 힘을 앗아간다.[3]

---

1   제2부의 도입부에 레싱의 말을 인용해 놓았다.
2   Leonard P. Wessel, *G. E. Lessing's Theology: A Reinterpretation* (The Hague: Moulton, 1977), pp. 54-55.

여기서 레싱은 사실적 실재(실제로 일어난 것)와 실재에 대한 '보고들'(사람들이 일어났다고 말하는 것)을 구분한다. 레싱이 볼 때, 이 일어난 일에 대한 유일한 증거가 '인간의 증언 수준에 머무른다'는 사실은 기적이 지닌 모든 힘을 박탈했다.

계몽주의의 자식인 레싱은 **실제 일어난 것**과 지각, 기억, 인간이 증언한 것에 대한 기록 사이의 견고한 구분을 유지했다는 점을 주목해야 한다. 레싱은 역사적 증언이 확실성을 가지고 신뢰될 수 있다는 점을 의심했다―레싱은 확실성을 필요로 했다. 그리고 그는 다음과 같이 결론 내렸다.

> 어떤 역사적 사실도 입증될 수 없다면, 역사적 사실을 통해 입증될 수 있는 것도 없다. 즉, **역사의 우연적 사실**(accidental truths)**은 이성의 필연적 진리**(necessary truths)**를 증명하는 증거가 될 수 없다.** [4]

이것은 레싱의 가장 유명한 말이며, 여기서 다 풀어 이야기할 수는 없다. 내 의도는 내가 이 책을 전개하며 기억과 지각에 대해 주장한 것과 반대되는 점, 즉 확실성에 대한 레싱의 요구를 평가해 보려는 것이다.

많은 역사가들이 역사적 보고들을 의심해 왔다. 왜냐하면 그들은 확실성을 필요로 했기 때문이다. 포스트모던 역사가들은 실재에 대한 모

---

[3] Gotthold Lessing, "On the Proof of the Spirit and of Power," in *Lessing's Theological Writings*, ed. H. Chadwick (London: William Clowes & Sons, 1956), p. 52. 굵은 글씨는 내가 강조한 것이다.

[4] Lessing, "Proof," p. 53 (굵은 글씨는 영역자의 강조).

든 지각 뒤에 불확실성이 거대한 모습으로 자리 잡고 있다는 점을 안다. 우리가 우리 자신의 눈으로 무언가를 본다는 이유만으로도 확실성은 얻을 수 없는 것이다. 우리가 희망할 수 있는 최선은 신뢰할 만한 지각의 스펙트럼 속에 있는 (절대적 확실성이 아닌) 높은 수준의 확실성이다. 우리는 언제나 그러한 '불확실성'에 기대어 있다. 이는 신약성서 학자인 게르트 타이센(Gerd Theissen)과 다그마르 윈터(Dagmar Winter)가 역사적인 설명들을 더 잘 판단하기 위해 '개연성의 기준'(Criterion of Plausibility)의 적용을 제안한 이유이다. 직접적으로 본 것이든 아니면 다른 식으로 얻은 것이든, 최종적으로, 수용된 정보를 의지하게끔 만드는 것이 개연성이다.[5]

역사적 확실성을 얻으려고 작정한 학자들은 근대적 가정들의 한계로 인해 늘 좌절하게 될 것이다. 레싱 이래로 모든 세대에서 근대적 가정들은 작은(그러나 떠들썩한) 규모의 예수 역사가들이 회의론자가 되도록 만들어 왔다. 그러나 더 많은 수를 이루는 역사가들은 확실성을 향한 목마름이라는 죄책감을 가지고 있다. 역사적 확실성에 대해 더 낙관적인 역사가들은 본문 고고학(textual archaeology)과 비슷한 것을 통하여 확실성을 얻으려고 시도한다.

신약성서의 물리적 증거는 몇몇 고대의 문서들과 양피지 파편들에 나타난다. 이 본문들의 형태는 어떤 의미에서 저마다 고유한 것이다.

---

[5] 당연히, 이것이 기적 보고의 문제를 해결하지는 않는다. (나를 포함한) 많은 이들에게 초자연적인 것에 대한 보고는 거의 개연적이지 않아 보인다. 그러나 포스트모던 역사가들은 그러한 보고들에 초자연적 가능성을 포함하는 세계관이 있다는 이유로 그러한 보고들을 꺼려해서는 안 된다. 정말로 기적을 믿는 사람들이 기적을 지각할 가능성이 더 높다. 이 점은 제3부에서 더 충분히 다룰 것이다.

'필사본'들이 사용하는 예수에 대한 설명과 글자들은 약간씩 다르다. 거의 대부분의 필사본이 그렇다. 굉장한 차이를 담고 있는 필사본은 거의 없지만, 소수의 본문들은 전체 단락을 삽입하거나 생략하고 그리고/또는 신학적인 충격을 상당히 변경한다. 이러한 여러 형태의 사본들의 관계를 분석하는 학술 분야는 본문비평(textual criticism)으로 불린다.

본문비평이 가지고 있는 핵심 가정 중 하나는 신약성서 '원본'(original manuscripts)을 가장 잘 재구성한 것에 우선권을 부여한다는 것이다. 게다가 본문비평은 우리가 원본에 가까워질수록 원래의 예수에 가까워질 수 있다는 개념에 기초하였다.

> "
> 가장 유력한 해결책은 복음서 '원본'은 없지만,
> 오히려 기억된 몇몇 요소들이 있다는 점이다.
> "

앞 장에서 내가 논한 '구전성'을 상기한다면, 당신은 이러한 가정에 내재한 중대한 약점을 발견할 수도 있을 것이다. 즉, 복음서가 관계된 곳에는 **원본이라는 것이 없었다.** '원래의 것'이 있었다고 상정하는 것은 대체로 구두 문화였던 곳에 문학적 시대착오를 부과하는 것이다. 예수의 말과 행동을 어느 한 공동체가 10년 이상 활발하게 기억하고 있었다는 점에 대해 의문이 없다면,[6] 이 기억이 처음부터 몇몇 형태로 있었

---

6   이는 매우 보수적인 추정치. 대부분의 학자들은 마가복음(가장 빨리 작성된 것으로 여겨지는 복음서)이 기원후 70년쯤에 작성되었을 것이라고 믿는다.

다는 결론을 내려야 한다. 이 점을 염두에 두면, 여러 다양한 본문에 대한 최고의 설명은 단일한 원래의 이야기가 없었다는 것이다. 사실 복음서에 대한 최근의 여러 연구들은, 우리가 복음서에서 보는 유동성과 안정성이 바로 어떤 구두 전통에서든 유동성과 안정성으로부터 기대할 수 있는 것이라는 결론을 내린다.[7]

초기 몇 십 년 동안의 그리스도교에는 예수의 생애에 관하여 단일한 책이 아니라, 4개(또는 5개)의 책이 있었다는 점을 염두에 두자. 누가가 몇몇 다른 '이야기'가 있음을 언급하면서 예수에 관한 이야기를 시작했다는 점을 염두에 두자. 예수께서 공생애 사역이 한창일 때, 자신의 메시지와 이야기를 다른 지역에 **구두로** 나눠주기 위해서 몇몇 제자들을 보냈다는 점을 염두에 두자(마 10:7). 우리에게 신약성서 '원본'에 대한 어떤 물리적 증거도 없음을 염두에 두자.

가장 유력한 해결책은 복음서 '원본'(즉, 자필 문서)은 없지만, 오히려 기억된 몇몇 요소들(compositions)이 있다는 점이다. 더욱이 우리는, 구두 전통에서는 살아 있는 기억을 지닌 첫 세대들이 죽기 시작했을 때까지 이러한 요소들을 적어 두라는 요구가 없었다고 예상해야 한다. 첫 세대들이 죽기 시작하자, 이야기를 기록해야 한다는 많은 요구들이 생겨나기 시작했다.[8] 이러한 집단 기억에 대한 '위기' 인식이 생겨나면서,

---

7   이 장과 이전 장의 더 읽어볼 만한 책들을 참고하라.

8   또 다른 개연성 있는 해결책은 어떤 작품을 쓰고자 하는 동기가 개별 작가로 하여금 독특한 미학적이고 신학적인 가능성들을 보여 주는 다양한 심미적 수단으로 이야기를 표현하게끔 했다는 것이다. T. Thatcher의 "왜 요한은 복음서를 썼는가: 초기 그리스도교 공동체에서의 기억과 역사"(Why John Wrote a Gospel: Memory and History in an Early Christian Community," in *Memory, Tradition, and Text: Uses of the Past in Early*

각기 다양한 요소들이 독립적이면서도 다른 유사한 이야기들과 관계를 지니며 출현했다고 예상해야 한다. 이것이 바로 우리가 복음서의 출현으로 보는 것이다.

예수의 독신 생활을 재구성하기 원하는 사람은 다수의 변형물―이들 중 어느 것도 '원본'이 아니다[9]―을 다루어야 한다. 포스트모던 역사가들은 원래의 이야기라는 단일한 이야기로 확고히 하는 데에는 관심이 없다.

확실성을 추구함에 있어 다른 결정적인 결함은 객관성이라는 이름의 신기루다. 위대한 신학자 루돌프 불트만이 쓴 다음의 평가에 대해 생각해 보자.

> 정신이 온전한 사람은, 그 첫 단계가 고대 팔레스타인 공동체로 대표되는 역사적 운동의 배후에 예수가 창립자로 서 있다는 점을 의심할 수 없다. 그러나 공동체가 보존한 예수의 이미지와 그의 메시지가 어디까지 객관적으로 사실인지는 또 다른 문제다.[10]

Christianity, ed. Alan Kirk and Tom Thatcher, Semeia Studies 52. Leiden: Brill, 2005, pp. 82-83)를 보라.

[9] 나는 여기서 근대적 역사 기록학의 한 가지 문제를 보이기 위한 목적으로만 본문비평의 예를 사용했다. 이는 문서의 변형에 관한 연구가 무효하다는 말이 아니다. 내가 보이고자 한 것은 '어떤 원본'에 이르고자 하는 시도가 '실제 일어난 사건으로서의' 역사에 더 다가가도록 만들어 주지 못한다는 점이다.

[10] Rudolf Bultmann, *Jesus* (Berlin: Deutsche Bibliothek, 1926;『예수』, 새글사, 1872), more popularly known as Jesus and the Word (New York: Scribner's, 1934), p. 13; cf. 〔마지막 문장의 독일어 원문:〕 "Aber wie weit die Gemeinde das Bild von ihm und seiner Verkündigung objectiv treu bewahrt hat, ist eine andere Frage" (Bultmann, *Jesus*, pp. 16-17).

'보존된' 예수를 계속 찾는 역사가는 회의주의로 갈 수밖에 없다. 예수에 대해 '객관적으로 참인 그림'을 찾으려는 역사가는, 변화하며 전개되는 사회적 기억에 대해 이야기하고 이들 간의 관계를 가장 개연성 있게 설명하는 역사가의 과업을 그야말로 오해한 것이다.

불트만의 탁월함은 현대의 역사가들이 예수와 실존적으로 만나도록 고무한 점이다. 그는 현대의 역사가들이 역사가 미친 영향을 통해서 역사와의 친밀한 대화 속으로 들어가야 한다고 주장하였다. 아이러니하게도, 불트만은 근대적 정신이 객관성을 버리도록 고무한 반면, 고대의 정신이 충분히 객관적이지 못하다고 흠잡았다. 불행히도 여기에 모순이 있다.

이상하게 들리겠지만, 역사가들은 실제로 일어난 것으로서의 사건을 가지고 작업하지 않으며, 또한 어떤 단일한 설명이 확실성 또는 객관성을 가지고 이에 관한 그림을 제공할 것이라고 가정해서도 안 된다. 오히려 역사가의 과업은 과거의 사건을 해석했던 사람들에 의해 재현된 다양한 기억을 개연성 있게 설명하는 것이다.

이러한 역사가의 과업이 적절하게 정의된다면, 불확실성이라는 사실은 역사가에게 무관한 것이다. 과거 발생한 어떤 사건의 실재를 '증명'할 수 없는 사람에게 불확실성이 무관한 만큼 역사가에게도 무관한 것이다. 당신은 당신의 기억들이 실재를 재현한다고 진지하게 믿기 위해서 자기 기억의 실재를 '증명'할 필요가 없다. 어떤 기억을 입증하기 위해 과거(자체)를 불러올 수는 없기 때문에, 우리는 과거를 분석하려 하지 않는다. 우리는 그저 과거를 재현하는 것인 기억 자체를 분석한다. 다른 모든 사람들과 마찬가지로, 역사가들은 절대적인 방식으로는 확

인될 수 없는 기억들에 기대어 일한다.[11]

다시 말하자면, **기억되지 않은 과거, 해석되지 않은 과거는 역사가 아니다.**

나는 근대적 가정들이 어떻게 역사가들을 오도하였는지에 대해 다른 예를 들어 보겠다. 몇몇 역사가들은 확실한 사실에만 관심을 갖는다. 복음서들은 다른 전설적인 이야기들과 매우 비슷해 보이기 때문에, 예수 역사가들은 사실을 얻기가 매우 어렵다. 몇몇 역사가들은 어떤 고대의 이야기가 다른 잘 알려진 이야기를 반영한다면, 그 이야기는 허구로서 괄호 쳐져야 한다고 생각한다. 이야기 전체에 '신화'(myth)라는 딱지를 붙이는 경향이 덜한 사람들은 이야기에서 신화층을 벗겨 내어 역사적인 핵심을 얻으려고 노력한다.

예를 들면, 세례 요한이 예언자 엘리야와 엘리사를 따라했음을 암시하는 말이 몇 개 있다(옷, 지리적인 것, 메시지, 사역[12]). 최소주의적 경향이 있는 역사가들은 이러한 모방을 문학적 창작으로 본다. 다른 말로 하면, 그러한 역사가들은 화자가 엘리야와 엘리사에 대한 전설을 다시 이야기하려고 이러한 세부 묘사를 창작했다고 생각한다. 수많은 현대의 역사가들은 그러한 해석적 '윤색'(embellishments)이 역사가들에게 별로 가치가 없다고 생각한다.

---

11 여기서 어떤 이들은 기술(예컨대 비디오)이 기억의 정확성을 측정할 수 있는 능력을 얼마나 변화시켜 왔는지에 대해 생각할 수도 있다. 만약 케네디 대통령 암살이 우리에게 무언가를 가르쳐 준다면, 비디오가 더 많이 재생될수록, 그 기억에 대한 해석이 더욱 다양해질 것이다. (케네디 암살에 대해 여러 의혹이 남아 있다.)

12 나의 책 *Historiographical Jesus* 4장을 보라.

반면에, 포스트모던 역사가들은 해석이 '사실적'이든 아니든 모든 해석에 예민하게 관심을 기울인다. 결국 역사가들의 진정한 작업은 이야기에 대한 가장 개연성 있는 해석을 설명하기 위해 해석들을 평가하고 비교하는 것이다. 포스트모던 정신은 사실을 찾기 위해 해석을 벗겨 내려 하지 않는다. 포스트모던 정신은 해석이 선행하지 않으면서, 해석이 뒤따르지 않으면서, 해석이 매개되지 않으면서 분석될 수 있는 사실이 없다는 점을 안다.

세례 요한의 사례에서, 우리는 수많은 1세기 유대인들이 엘리야가 언젠가 돌아와서 이스라엘의 타락한 사제들을 심판할 것이라고 믿고 있었다는 점을 기억하는 것이 온당할 것이다.[13] 사람들이 마지막 날에 엘리야가 오리라고 기대했다면, 이점이 요한에 대한 그들의 해석에 영향을 주었을까? 더 중요한 점은, 많은 유대인들이 자신들이 살고 있는 이 시대가 마지막 날이라고 간절히 믿고 싶어 했다는 점이다. 이 점이 요한에 대한 그들의 지각을 자극하였을까? 역사가들의 진정한 작업은 이러한 기억 범주를 조명하는 방식으로 세례 요한에 대한 이야기를 풀어내는 것이다. 요한은 엘리야의 한 전형으로 기억되었다. 하지만 왜?

해석이 전혀 없는 '사실'에만 관심을 갖는 사람들은 결정적으로 왜라는 질문을 놓치기 마련이다. 때때로 이러한 왜-질문에 답하는 일에 기여하는 것이 이야기의 윤색이다. 실제로 이따금씩 역사적 인물들 스스로가 그러한 윤색을 요청한다.

---

13   예를 들어, 말라기 3:1과 4:5에 특별히 주의를 기울여서 말라기를 읽어 보라. 세례자가 설교했을 때, 그는 말라기에 호소한 것으로 기억된다.

지각 및 기억에 대한 해석 과정은 하나의 원을 그리며 도는 것으로 주장된다. 그러나 나의 제안은, 이러한 원은 기억이 지속적으로 변하는 상태에 있음을 함축한다는 것이다. 이것은 역사적 기억에 있어서도 마찬가지다. 역사적 기억은 끊임없는 변화 상태에 있다. 이 계속되는 변화는 현시점에서 기억을 이해할 수 있게 만드는 것이다. 그래서 우리는 단일한 원모양의 해석학적 순환을 말하는 대신, 나선형의 궤도로 여러 번 회전하는 모습을 과연 생각해야 한다.

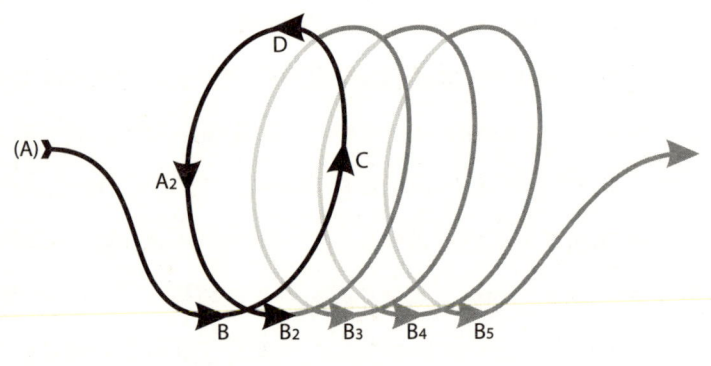

(A) 과거
　　(분석 불가)
B　이미 가지고 있는 사고-범주
C　기억 패턴
D　'새로운' 의미 또는 지각
A_2　이전의 범주에
　　기억 패턴이 미친 영향
B_{2-5}　굴절의 새로운 순환

기억 과정에서 각각의 새로운 순환은 역사적 기억을 재해석한다. 대부분의 경우에 있어서, '역사'가 기록되기에 앞서 몇 번의 기억 순환이 발생한다. 이 도식이 묘사하는 바는 역사가, 새롭게 기억될 때마다 해석되고 재해석되는 해석의 궤도라는 점이다. 이 도식이 보여 주고 있지 않은 점은 역사가 여러 기억 궤도들의 결합이며, 각각의 궤도가 독자적인 해석 패턴을 가지고 있다는 점이다. 역사가의 과업은 이러한 해석 궤도를 설명하는 것이며, 이러한 기억에 활기를 불어넣는 점에 대해 이야기하는 것이다.

앞서(역사 I에서) 나는 버락 오바마 상원의원의 (이후에 남긴) 유산과 아브라함 링컨의 전설을 '결부'한 정치 칼럼니스트 린 스위트를 인용했다. 스위트에 따르면, 오바마와 그의 선거 참모들은 의도적으로 링컨의 유산이 떠오르는 장소와 날짜를 찾았다. 이는 세례 요한을 처음 해석한 이들이 엘리야의 유산으로 그렇게 한 것과 매우 유사하다. 두 경우 모두, 이러한 기억들이 앞으로 나아가게 하는 것은 이전의 범주에서 새로운 의미로 움직이는 회전이다. 엘리야라는 이전의 범주에 세례 요한이라는 '새로운' 의미가 위치하게 되면, 그 과정에서 둘 모두 변하게 된다. 이 새로운 패턴을 따라서 둘 모두 기억 속에서 앞으로 나아간다.

역사에 대한 이야기를 풀어내는 것은 사실을 찾는 것보다 훨씬 더 많은 것을 요구한다. 역사를 이야기하는 것은 사실이 매개되어 온 방식에 대한 분석이 요구된다. 역사가는 해석으로부터 사실을 분리할 수 없으며, 그렇게 하려고 해서도 안 된다.

더 읽어볼 만한 책들

Dale, Allison. *Constructing Jesus: Memory, Imagination, and History*. Grand Rapids: Baker Academic Press, 2010.

Alan Kirk and Tom Thatcher. *Memory, Tradition, and Text: Uses of the Past in Early Christianity*. Semeia Studies 52. Leiden: Brill, 2005.

Gerd Theissen and Dagmar Winter. *The Quest for the Plausible Jesus: The Question of Criteria*. Louisville: Westminster/John Knox Press, 2002. Originally titled *Die Kriterienfrage in der Jesusforschung*. Fribourg: Universitätsverlag, 1997.

예수 II
정치를 말하다

> 제가 생각하기에 우리가 원수를 사랑해야 하는 첫 번째 이유는 다음과 같습니다. 그리고 저는 이것이 예수님의 중심 사상이라고 생각합니다. 즉 증오에 증오로 대하는 것은 오직 우주에서 증오와 악의 존재를 강화시킬 뿐이라는 것입니다.
>
> 마틴 루터 킹 주니어(Martin Luther King Jr.)

예수 시대의 문화에 살던 많은 사람들은 천국과 지옥에 극적인 사건들이 있으며, 이 신적인 드라마가 세상에 반영된다고 믿었다. 땅에서 일어나는 거대한 사건들은 신들과 천사들과 귀신들의 전쟁과 권력 다툼이 반영된 것이다. 사실 현대 서구 문화에서 유사한 세계관을 찾기 위해 멀리까지 뒤질 필요가 없다. 예를 들면, 데몬 헌터(Demon Hunter)라는 메탈 밴드의 가사를 보면 된다. 그들이 그린 이미지에는 인격적이고 영적인 실재들을 파괴하는 초자연적인 포식자들과 무자비한 짐승들로 가득하다.

이러한 세계관의 유대교적 형태에서는, 하나님의 천군 천사(angelic armies)에 의한 승리와 패배가 이스라엘의 정치 현실에 직접적인 영향을 미쳤다. 정치와 종교적 믿음은 끊을 수 없는 관계였기 때문에, 유대인들은 국가적인 회개와 의(義)가 정치적 독립을 위한 전제 조건이라고 믿었다. 다수의 유대인들은 이스라엘이 외도(unfaithful)한다면 하나님이 전장에서 자신들을 보호하지 않을 것이라고 믿었다. 설상가상으로, 이스라엘은 오랜 역사를 통해 하나님의 손이 자신들과 반대편에서 서서 적들의 군대와 검으로 나타나는 것을 보았다.

이것은 세례 요한과 예수를 이해하는 데 필요한 역사적, 신학적 배경이다. 많은 사람들이 믿기를, 세례 요한은 하늘과 땅의 매개자였다—다시 말하면, 요한은 하나님의 말씀을 대언하는 예언자였다. 그러나 어떤 사람들에 따르면, 요한은 '예언자 이상'이었다. 마태의 복음서는 이러한 믿음에 대해 말한다.

> 예수께서 군중에게 요한을 두고 이렇게 말씀하셨다. "너희는 무엇을 보러 광야에 나갔더냐? 바람에 흔들리는 갈대냐? 아니면 무엇을 보러 나갔더냐? 화려한 옷을 입은 사람이냐? 화려한 옷을 입은 사람은 왕궁에 있다. 그렇다면 너희는 무엇을 보러 나갔더냐? 예언자냐? 그렇다! 그런데 사실은 예언자보다 더 훌륭한 사람을 보았다. 성서에, **'너보다 앞서 내 사자를 보내니 그가 네 갈 길을 미리 닦아 놓으라'** 하신 말씀은 바로 이 사람을 가리킨 것이다"(마 11:7-10; cf. 눅 7). [1]

여기서 예수는 요한이 단순히 예언자가 아니라, 마지막 날에 오리라고 기대했던 '사자'(천사와 같은 단어다)라고 주장한다. 우리는 말라기의 끝부분을 통해 이 천사급의 인물이 전설적인 엘리야라는 것을 안다(말 4:5). 예수는 말라기의 실마리를 따라서 "요한 바로 그가 오기로 되어 있는 엘리야"라고 주장한다(마 11:14).

유대인의 전승에서 엘리야는 매우 신비에 싸인 예언자였다. 왜냐하면 그의 죽음에 대한 이야기가 전혀 전해지지 않았기 때문이다. 더 정확히 말하면, 성서의 이야기는 엘리야가 불마차를 타고 필멸자의 영역을 넘어 하늘로 올라갔다고 말한다. 예언자 말라기에 따르면, 언젠가 엘리야가 돌아와서 이스라엘 지도부의 타락을 심판할 것이다.

예수와 그 동시대인들의 세계관에서는 인간 세계의 사건을 고대의 인물 및 성서의 예언이라는 렌즈를 통해서 지각한다. 말라기와 같은 본문들은 사람들의 예상과 지각을 안내한다. 세례 요한 같은 인물들은 이러한 관점에서 지각되고 기억되었다. 세계를 지각하는 몇몇 중요한 방식 중에서 이러한 방식은 우리에게 낯설다. 그러나 우리는 유사한 사고-범주를 찾으려고 멀리 내다볼 필요가 없다.

내가 이 장을 쓰고 있을 때, 이메일 받은편지함이 깜빡거렸다. 아버지께서 메이저리그 야구 블로그 게시물을 나에게 전달한 것이다. 마지막 문단에서 사용된 언어에 특별히 주목해 보자.

---

1   말라기 3:1절이 인용된 부분에 내가 강조를 넣은 것이다.

2008. 7. 13. 일요일
자이언츠 구단 16세의 로드리게스와 계약

오늘 리글리의 하루는 아름답다. 바람이 살랑살랑 불고, 그래서 오늘 자이언츠는 원정 경기에서 첫 홈런을 칠 것이다.

어쨌든 자이언츠는 도미니카 출신의 열여섯 살 외야수 라파엘 로드리게스와의 대망의 계약을 발표했다. 아래 내용은 내일 게시하려고 쓰고 있는 내용의 일부다.

(…) 그 계약은 로드리게스의 16번째 생일에 발표되었다. 그의 생일은 그에게 계약 자격이 주어지는 첫째 날이다. 도미니카식 과대광고 머신은 로드리게스를 블라디미르 게레로의 재림으로 불렀다. 자이언츠의 특별 자문이자 팀의 스카우트 책임자인 존 바는, 자신은 그런 식의 비교를 싫어한다고 말했다. 하지만 그도 블라디형 선수(a Vlad-type player)라고 묘사했다. (…)

게시물 작성자: 헨리 슐먼

1990년대 말, 몬트리올 엑스포의 블라디미르 게레로는 전형적인 '5툴' 플레이어(타격, 수비, 힘, 송구, 주루 능력을 모두 갖춘 선수)가 되었다. 이것은 게레로가 야구에 필요한 모든 재능을 다 훌륭하게 갖췄다는 말을 간략하게 전달한 것이다. 여기서 관심을 두고 있는 선수(로드리게스)는 단지 블라디미르 게레로를 연상시키는 정도가 아니라, '게레로의 재림'이다. 블로거는 소년을 그저 '블라디형 선수'라고 말함으로써 '과대광고'를 완화하려고 했다. 이것은 모형학의 언어이다. 이전에 역사 I에서 내가 제시한 현대 정치의 예와 다르지 않다.

세례 요한은 예수 시대에 엘리야의 재림처럼 보였다. 요한은 엘리아 모형(an Elijah-type)이다. 이 모형론과 우리 이야기 사이의 중요한 차이 중 하나는 엘리야의 귀환은 하나님의 최후의 심판, 종말, 새로운 세계의 질서와 연결되어 있었다는 점이다. 현대 서구의 관점에서는 모형론을 다른 방식으로 사용하는 경향이 있지만, 우리에게 '세계 종말' 이야기가 낯선 것은 아니다. 원자폭탄의 그늘 아래에서 자란 사람들은 이를 너무 잘 알고 있다.

아이들이 폭탄 안전 훈련을 받고, 부모들은 지하에 방공호를 판 것이 불과 한 세대 전의 일이다. 그러한 예상이 밥 말리의 〈구속의 노래〉(Redemption Song) 가사 뒤에 담겨 있다. 곡을 시작하며 역사상의 노예에 대해 노래한 다음, 두 번째 절에서 은유적인 노예에 대해 경고한다.

정신적 노예에서 스스로를 해방시키라
자신만이 자기 마음을 자유케 할 수 있으니.
원자력을 무서워하지 말자
그 무엇도 그 시간을 멈출 수 없으니.

우리가 그저 한쪽에 서서 지켜보는 동안
언제까지 우리 예언자들을 죽이려나? 우!
누군가는 그 또한 그저 그것의 일부라고 말하고
우리는 그 책(de book)을 성취해야 하겠고

마지막 두 줄에 있는 성서의 예언으로 추정되는 말을 주목해 보자. 말리는 마지막 날에 대해 말할 때, 동시대 사람들이 '그 책'이란 가사에서 그들 자신을 읽어 내리라고 예상했다. 실제로 자기 주변에서 보게 되는 맹렬한 것을 마지막 날의 징조로 해석하는 사람들이 각 세대마다 있어 왔다. 예수의 동시대인들과 마찬가지로 우리 시대 사람들도 이를 가지고 있다. 사람들이 세상의 종말을 믿기 시작할 때, 많은 이들이 성서의 예언자들을 의지한다.

세례 요한은 하나님의 심판이 임박했음을 전한 최초의 예언자적 목소리도 최후의 목소리도 아니었다. 그러나 예수 시대에 세례자 요한은 아마 가장 유명했을지도 모른다. 세례 요한은 유대 전역에 알려졌다. 그가 전한 말은 예루살렘의 핵심 권력자들에게까지 들렸다. 정치인들이 요한을 공공연히 비방할 엄두를 내지 못할 정도로, 요한은 대중들에게 인기를 얻었다. 잠시였지만, 누구도 요한을 건드리지 못했다. 그러나 그는 핵심 권력자를 비난함으로써 결국 목이 잘리게 되었다.

요한이 한창일 때는 예수보다 훨씬 더 유명했다는 점을 짚고 넘어가는 것이 중요하다. 요한은 혁명가였다. 그는 하나님의 정치적 통치가 곧 땅에 서게 될 것이라고 전했다―이는 회개하는 이들에게는 좋은 소식이며, 권력으로 타락한 이들에게는 나쁜 소식이다. 이것은 요한이 잡혀서 갇힌 후에 예수가 취한 바로 그 메시지다.

> **"**
> 인류 역사상 가장 극적인 이념적 전환 중 하나는, 예수가 수많은 요한의 추종자들을 데리고 비폭력을 전하기 시작한 것이다.
> **"**

예수의 주된 신학적/정치적 강령은 하나님의 통치가 회개하는 이들에게 '좋은 소식'(이것은 '복음'과 같은 단어다)이 된다는 것이었다(막 1:14-15). 하나님의 최후의 심판이 다가오는 중이며, 새로운 세상 질서가 손에 닿을 만큼 가까이 왔다. 이것은 요한의 인기를 고려한 예수의 재빠른 정치적 움직임이었다. 요한이 갇힌 후 그를 따르던 많은 이들이 흩어졌지만, 소수의 신자들은 예수께 대한 충성으로 옮겨 갔다.

이 신학적/정치적 강령은 복음서에서 '하나님 나라'라는 함축적인 구호로 나타난다.[2] 마태복음, 마가복음 누가복음에는 '나라'라는 말이 곳곳에 있다. 이 말은 예수의 말, 비유, 이야기 속에서 언급된다. 이는 예수의 정치에 관한 기억이 초기에 널리 퍼져 있었다고 생각할 만한 좋은 이유다. 예수 역사가들은 이것이 '형태 다수성의 기준'(Criterion of Multiple Forms)이라고 호소한다. 이 기준은 다음과 같은 것이다. 즉, 공통된 화제 내지 주제가 복음서에서 다수의 형식으로 나타날 경우, 이는 후대에 고안한 것이라기보다 역사적 기억과 개연성 있게 관계된 것일 수 있다. 예수의 공생애가 '하나님 나라'에 달려 있다는 점은 학자들 간에 일치하는 점이다.

이런 이유로, 예수의 공생애 초기는 세례 요한의 메시지와 사역의 연장선일 가능성이 매우 높다. 실제로 예수는 자신을 따르는 몇몇 이들에게 일반 대중들이 자신에 대해서 무어라 말하는지 물어보았다.

---

[2] 마태복음은 유대인 그리스도교 청중들에게 글을 쓰면서, "천국"(kingdom of Heaven)이라는 슬로건을 더 선호했다. 왜냐하면 마태복음은 '하나님'이란 단어를 쓰는 것을 피하려고 했기 때문이다. 마태복음의 독자들은 이를 알아챘을 것이다. 그는 장소로서의 천국에 대해 말하고 있는 것이 아니다. '천'은 경외하는 마음을 담아 하나님을 언급하는 방식이다. 따라서 '천국'이라는 슬로건은 '하나님 나라'와 정확히 같은 것을 의미한다.

"사람들이 나를 누구라고 하더냐?" 제자들이 대답했다. "세례자 요한 이라고들 합니다. 그러나 엘리야라고 하는 사람들도 있고, 예언자 중의 한 분이라고 하는 사람들도 있습니다"(막 8:27-28). 예수에 대한 초기의 기억에서는 요한 및 엘리야의 유산 모두를 예수와 모형론적으로 연결하고 있다.

그러나 나라에 대한 예수의 개념이 요한의 개념에서 벗어난 것은 그리 오래지 않았다. 요한은 기쁜 마음으로 처음부터 예수가 하나님께서 택하신 혁명가라고 지지했다. 그러나 요한이 투옥되자, 예수는 혁명이라고 할 만한 것을 많이 하지 않았다. 요한은 나라가 도끼와 불의 형태로 임하고 있다고 전했었다(눅 3:9). 요한은 문자 그대로 심판이 오고 있음을 나타내려고 난폭한 비유를 사용했다. 이 메시지를 들은 대부분의 사람들은 무력 반란을 생각했을 것이다. 요한은 이 역할을 예수에게 넘겼으나, 곧 실망하고 말았다.

인류 역사상 가장 극적인 이념적 전환 중 하나는, 예수가 수많은 요한의 추종자들을 데리고 비폭력을 전하기 시작한 것이다.

> 내가 진정으로 너희에게 말한다. 여자가 낳은 사람 가운데서 세례자 요한보다 더 큰 인물은 없었다. 그런데 하늘나라에서는 아무리 작은 이라도 요한보다 더 크다. 세례자 요한 때부터 지금까지 하늘나라는 폭행을 당해 왔다. 그리고 폭행을 쓰는 사람들은 하늘나라를 힘으로 빼앗으려 한다(마태복음 11:11-12).

이런 식의 설교는 요한을 지지하는 많은 이들이 멀어지게 만들었을 것이다. 겸손과 비폭력에 대한 말은 혁명을 바라는 이들에게 찬물을 끼얹고 있다. 예수는 분명 이렇게 말하고 나서 그를 따르는 많은 이들을 잃었을 것이다. 최측근 제자들조차 혼란스러워 했다. 세배대의 아들들은 자신들이 대적자들 위에 "하늘에서 불이 내려오도록 명령"해야 하는지를 예수에게 물었다(눅 9:54). 이는 오해의 여지가 없는 엘리야 모형론에 대한 호소이다. 열왕기하 1:10에서 예언자는 이스라엘의 압제자들 위에 불이 내려오도록 기도한다. 열성 제자들의 요청은 그들을 본떠서 '우레의 아들들'이란 별명을 얻게 한 것으로 보인다—즉, 시끄럽지만 아주 밝지는 않다. 예수는 열성 제자들의 귀에는 말도 안 되는 말을 계속 하였다.

> (…) 너희 원수를 사랑하며, 너희를 미워하는 자를 선대하며, 너희를 저주하는 자를 위하여 축복하며, 너희를 모욕하는 자를 위하여 기도하라. 누가 뺨을 치거든 다른 뺨마저 돌려 대 주고 누가 겉옷을 빼앗거든 속옷도 거절하지 말라. 달라는 사람에게는 주고 빼앗는 사람에게는 되받으려고 하지 말라(눅 6:27-30).

예수는 심판에 대해 계속 전했다. 그러나 예수는 하나님께서 하나님 자신의 심판을 행하실 것이기에, 이스라엘이 성서 안의 폭력적인 은유들을 문자 그대로 해석하려 해서는 안 된다고 확신하였다.

예수에 따르면, 누군가 당신에게 겉옷을 원하면, 당신에게는 속옷까지 줄 의무가 있다. 속옷과 겉옷 단 두 벌을 입는 문화에서 이는 벌거벗음을 함축한다는 점을 염두에 두자.³ 신약성서 학자 월터 윙크(Walter Wink)는 이런 식의 행동이 단순한 소극성이라기보다 소극적 저항의 한 형태라고 제안하였다. 윙크는 지적하기를, 이 문화에서는 다른 사람이 벗은 것을 보게 되면, 옷을 입은 사람이 벗은 이를 보면서 수치심을 느낀다. 따라서 예수는 그를 따르는 이들에게 압제자들을 수치스럽게 하는 방식을 가르치고 있었던 것이다. 만약 그렇다면, 예수의 정치는 상당히 아이러니한 방식으로 혁명적이었던 것이다.

요한은 죽음을 맞기 직전에, 감옥에서 예수에게 전언하였다. 요한은 예수가 이스라엘의 위대한 차기 지도자인지 여부에 대해 의구심이 일기 시작했다. 요한이 예수에게 물었다. "당신이 '오실 그분'(Expected One)입니까, 아니면 우리가 다른 이를 기다려야 합니까?"(눅 7:20) 요한은 성벽이 나무처럼 쓰러지고 타락상이 잔디처럼 타 없어지는 것을 보기를 소망했다. 요한은 자신의 죽음이 다가오자, 예수에게 '왕국의 임함'을 향해 나가가고자 하는 의도가 있는지 없는지 여부가 궁금할 수밖에 없었다.

왜? 왜 예수는 요한이 처음 전한 메시지를 가지고 매우 극적인 모습으로 자신의 사역을 시작하였을까?

이 물음에 대한 대답은 영적인 영역에 대한 예수의 지각에서 발견된다. 예수는 압제자들의 눈을 보면서 그저 악한 사람을 본 것이 아니라, 귀신을 보았다. 예수는 '진짜' 전쟁은 천국과 지옥 사이의 전쟁이라고

---

3   누군가는 예수가 체포되었을 때 어떤 소년이 벌거벗은 채로 도망간 사건(막 14:51-52)이 과연 정확한 것인지 의아해한다.

믿었다. 예수는 진짜 적은 사탄과 그의 귀신 군대라고 정말로 믿었다.

예수는 같은 문화에 살던 많은 이들처럼 귀신들이 병과 죽음을 가져올 수 있다고 믿었다. 예수의 지각에서, 귀신들은 이스라엘과 하나님 나라 사이에 있었다. 물리적인 공격은 인류를 괴롭히는 근본적인 문제들을 풀 수 없을 것이다. 사탄을 물리칠 수 있다면, 이사야 11장의 약속이 성취될 수 있다.

> 이리가 어린 양과 함께 거하며, 표범이 새끼 염소와 함께 눕고, 송아지와 어린 사자와 살찐 짐승이 함께 있어서 어린 아이가 거닐고 다닐 것이다. 또한 암소와 곰이 친구가 되어 그 새끼들이 함께 뒹굴고, 사자가 소처럼 풀을 먹을 것이며, 젖 먹는 아이가 살모사 굴에서 장난치며, 젖 뗀 아이가 독사 굴에 손을 넣을 것이라. 나의 거룩한 산 어디를 가나 서로 해치거나 죽이는 일이 다시는 없으리라. 이는 물이 바다를 덮음 같이 여호와를 아는 지식이 세상에 가득할 것이기 때문이다. (…) 여호와께서 모든 민족을 향하여 기치를 세우시고, 이스라엘의 쫓긴 자들을 모으시며, 유다에서 쫓겨난 자들을 땅의 구석구석에서 모으시리라(이사야 11:6-12).

이사야에 따르면, 이 평화로운 나라에 안내할 지도자는 '평강의 왕'일 것이다. 이 지도자에게는 개인 무기가 필요 없을 것이다. 왜냐하면 그는 자신의 지혜와 말씀으로 전쟁에서 이길 것이기 때문이다. "여호와의 영이 그의 위에 내린다. 곧 지혜와 슬기의 영이요 (…) 그의 입김으로 악인을 죽일 것이며"(사 11:2-4).

하나님의 영으로 말미암아 예수는 자신의 말씀으로 귀신을 쫓아내어 자신이 악의 근원을 죽일 수 있다고 믿었다. 예수는 선포하였다. "내가 하나님의 성령을 힘입어 귀신을 쫓아내는 것이면, 하나님의 나라가 이미 너희에게 임하였느니라"(마 12:28). 하나님의 나라는 이루어질 수 있다. 물리적인 폭력으로써가 아니라, '지혜의 영'으로써 말이다. 로마의 배후에 있는 영적인 힘을 묶어 둔다면, 하나님의 평화로운 나라는 현실이 될 것이다.

> "
> (…) 우리는 너무 섣불리 판단하지 않기 위해
> 귀신을 쫓는 자로서의 예수의 사역이
> 그의 비폭력적 복음과 관련되어 있었다는 점을 기억해야 한다.
> "

현대 서구 문화의 감수성에는 이런 식의 것이 전근대적 소박함(naiveté)으로 지각된다. 어떤 이들에게는 예수께서 영적인 현실과 정치적인 현실을 결부시킨 것이 미친 사람에 가깝다고 생각될 것이다. 그때나 지금이나 많은 이들이 예수의 귀신 사냥이 정말로 '지혜의 영'에 관한 증거인지 의문을 갖는다. 그러나 우리는 너무 섣불리 판단하지 않기 위해 귀신을 쫓는 자로서의 예수의 사역이 그의 비폭력적 복음과 관련되어 있었다는 점을 기억해야 한다. 아마 우리의 계몽적이고 폭력적인 문화가 바로 문제 있는 것일 수 있다. 예수에 따르면, "지혜는 그 행한 일로 인하여 그 옳음이 입증된다"(마 11:19).

이 예수의 전승을 바라보는 창을 통해 세 가지를 관찰할 수 있다.
(1) 예수에 대한 기억들이 단지 그 문화에 펜이나 종이가 부족했기 때문에 구두로 공유된 것은 아니다. 발화된 말이 그의 정치 운동을 규정했다. 구전성은 예수가 선택한 무기였다. 예수는 자신의 말이 바로 그 하나님의 능력을 붙들고 있다고 믿었다. 자신의 연설을 통해, 바로 그 하나님의 영이 지옥의 문을 공격하고 있었다.

예수는 말씀을 가지고 자신의 말을 듣는 각 사람에게 기억될 만큼 강력한 영향력을 가하였다. 어떤 이들은 그의 말씀이 자신들을 치유한다고 믿었다. 어떤 이들은 그가 천국을 재정의한 것에 큰 영향을 받았다. 그러나 여전히 어떤 이들은 그의 전복적인 메시지에 불쾌함을 느끼며, 그를 이스라엘의 마땅한 정치적 열망을 모독하는 자로 보았다. 각 경우 모두, 그가 전한 메시지의 영향력은 해석자에 따라 제각기 다르게 다가왔다. 동시에 예수 전승은 기억의 핵심을 안정적으로 유지하고 있었다. 하나님 나라에 대한 메시지는 이 핵심 중에서도 핵심이었다.

(2) 예수에 대한 기억들이 이야기-형식으로 형태를 갖추면서(우리는 복음서가 원래 구연(口演; dramatic performances)이었다가 나중에 '책'으로 쓰였다고 생각할 수 있다), 어떤 모형론들은 해석의 틀로서 역할을 했다. 누가-행전의 저자는 특별히 예수를 엘리야-모형으로 묘사하는 것에 관심이 있었다.

모형론은 기억을 형성하는 여과 장치이자 문학적 장치이다. 역사적인 텍스트가 모형론에 호소하고 있다면, 그 텍스트는 모형론이 형성한 역사적 기억을 자연스럽게 따라하고 있는 것이다. 예수의 승천 이야기를 생각해 보자.

사도행전의 첫 번째 장에서 예수는 단순하게 날아간다. 예수는 구름을 통과하여 지구를 멋지게 떠났다.[4] 이제, 역사가로서 나는 예수님이 슈퍼맨처럼 우주로 날아가는 것을 상상하기가 그야말로 어렵다. 나는 계몽주의 이후의 근대적 편견이 이런 나의 의심을 형성했다는 점을 기꺼이 인정한다. 나는 포스트모던적 입장을 가진 사람으로서, 단순히 이런 편견을 이유로 기억 속에 있는 이야기의 기원을 배제하지 않을 것이다. 그렇지만 나는 가장 개연성 있는 설명이 다음과 같다고 생각한다. 즉, 누가는 자신이 수집한 전승들에 나타난 엘리야 모형론에 영향을 받았으며, 이를 가지고 마가복음 16:19에 대한 자신의 해석을 채색했다.

엘리야처럼 예수도 살아서 천국에 올라갔다가, 어느 날 돌아올 준비가 되어 있다. 누가는 또한 이를 통해 하나님 나라가 문자 그대로 실현되지 않고 연기됨을 인정했다. 예수가 승천하기 직전에 제자들이 그에게 물었다. "주님, 주님께서 이스라엘 나라를 회복하실 때가 바로 지금입니까?"(행 1:6) 예수는 오직 아버지만이 그 질문에 답할 수 있다고 말하였다. 그러나 엘리야처럼 예수께서 올라갔기 때문에, 독자들은 그가 마

---

[4] 마가복음의 추기(appendix)에서 예수는 하늘에서 하나님의 오른편(right hand)에 앉아 있다(16:19). 이것은 친밀한 은유다(다니엘 7-9장과 비교해 보라). 하나님이 문자 그대로 '손'을 가지고 계실까? 문자 그대로 하나님이 구름 너머에 보좌를 가지고 계실까? 아니다. 이는 묵시적 비전의 언어다. 고대의 독자들에게나 현대의 독자들에게나 이 언어에 대한 가장 자연스러운 독해는 은유로 읽는 것이다.

지막 날에 다시 돌아올 것이라고 기대한다. 이런 방식으로 예전에 엘리야 전설이 차지하고 있던 자리를 이제는 예수가 차지하고 있다.[5]

그러나 이 이야기는 누가의 문학적 의제임을 명백히 보여 주고 있으면서도, 여전히 역사적 가치가 있다. 근대적 역사가들에겐 '전설적인' 자료를 괄호로 묶는 경향이 있지만, 나는 이 이야기가 누가복음에 포함된 다른 이야기들을 가늠하는 판단 기준으로 기여할 수 있다고 생각한다.

만약 누가의 모티프들이 예수를 엘리야-모형으로 묘사하기 위한 것이라면, 누가는 왜 **요한이 엘리야였다**고 한 예수의 주장까지 포함했을까? 이는 저자의 문학적 의제를 약화시키는 것으로 보인다. 이에 대한 최상의 대답은 단지 잘 기억되어 있다는 이유만으로 저자가 자신의 복음서에 어떤 말씀들과 이야기들을 포함시켰다는 것이다. 누가복음의 도입부가 나타내고 있는 것처럼, 저자는 자신을 이야기를 수집하는 자로 보았다. 누가는 자신의 문학적 계획에 맞지 않을 때조차 예수에 대한 기억들을 포함하는 결정을 할 만큼, 깊은 존경심으로 그 기억들을 간직하고 있었다.[6]

예수 역사가들은 이를 '상반된 성향의 기준'(Criterion of Contrary Tendency) 내지 '서로 다른 전승들'(Divergent Traditions)이라고 부른다. 여기에 담긴 생각은, 어떤 이야기나 말이 편집 경향과 상반되는 의제를 촉진시키는 세

---

5   저자는 누가복음 7:1-16(예수에 관한 두 개의 이야기가 실려 있는데, 엘리야의 이야기를 밀접하게 반영하고 있다)에서 엘리야 모형론을 사용하고 있다. 이 누가복음 구절은 요한의 제자들과의 대화(이 대화에서 예수는 명시적으로 엘리야 모형론에 호소하고 있다)로 나이스하게 이어진다.

6   게다가 누가는 이 사례에서 이중 모형론이 엘리야-엘리사 관계로 인해 문제가 된다고 보지 않았을 가능성이 크다.

부 사항을 포함한다면, 이러한 세부 사항은 쉽게 허구로 설명되지 않는다는 것이다. 누가가 굳이 이런 세부 사항을 지어낼 이유가 없기 때문에, 세례자와 엘리야의 관련성은 기억의 산물인 것 같다.

(3) 마지막으로, 모형론과 〔히브리〕 성서적 구성을 근거로 하여 복음서에 역사적 허구라는 딱지를 붙이는 경향이 있는 작은 규모의 예수 역사가 그룹이 있다. 이들은 예수에 관한 대부분의 이야기들이 히브리 성서에 나오는 선례들과 예언자들을 반영하여 **지어낸** 것이라고 주장한다.

모형론은 중요한 문학적 장치이지만, 그 전에 먼저 기억의 장치라고 말해야 할 것이다. 이야기와 모형이 지각에 미치는 영향력은 축소될 수 없다. 우리 삶에서 절정의 순간들은 위대한 이야기에서의 절정의 순간들 및 실제 역사 자체와 비교하여 평가되며, 그것들에 의해 해석된다. 예수의 정치적 메시지가 기억될 만한 이유는 바로 예수가 자기 문화에 이미 나타난 해석적 범주들을 활용(그리고 새롭게 변형)할 수 있었기 때문이다.

더 읽어볼 만한 책들

Richard Horsley. *Jesus and the Spiral of Violence: Popular Jewish Resistance in Roman Palestine*. San Francisco: Harper & Row, 1987.

Walter Wink. *Jesus and Nonviolence: A Third Way*. Minneapolis: Fortress Press, 2003. 『예수와 비폭력 저항: 제3의 길』(한국기독교연구소, 2003).

제3부

그럼 우린 착각의 한복판에 살며 기동하는 걸까?
우리가 보고 있는 것은 우리를 속여 온 걸까?
우리 마음속에만 존재하는 걸까?
무엇이 그런 결론과 관련 있는 걸까?
왜 어떤 세상에서는 실현될 수 없는 걸까?
어떤 신비스런 세상 속에서 말야

피터 메이어

질문 III
그들이 말하는 당신이 바로 당신인가?

다니엘 테일러 중위: 자네는 예수를 찾았는가?
포레스트 검프: 찾아야 하는 것인지 몰랐습니다, 중위님.

에릭 로스

예수에게는 왕이 되려는 열망이 있었을까? 예수는 자신을 이스라엘의 왕이라고 상상했을까? 예수는 예루살렘과 로마의 권력 구조를 어떻게 다루려 했을까? 예수가 하나님 나라의 도래를 심각하게 오해했던 것은 아닐까? 이점이 그를 죽음으로 몰아넣은 것은 아닐까?

예수 같은 아직 계몽되지 않은 시골뜨기로부터 우리가 실제로 기대할 수 있는 것은 무엇인가? 그는 옛 민족의 지혜 말고 어떤 역사적 기억을 제공해야 했을까? 예수에게 우주에 대한 현대적 이해가 없었다면, 실재에 대한 그의 지각에 본유적으로 결함이 내재되어 있다고 봐야 하는 것은 아닐까?

 성서가 묘사하는 예수상은 역사적으로 결함이 없는 것일까? 복음서에 나타난 여러 모순들을 감안할 때, 역사적 모습을 그리는 것이 어떻게 가능할까? 복음서를 이야기로 읽는 것이 우리에게 더 낫지 않을까? 고대의 이야기와 고대의 역사 사이의 관계를 제시할 만한 어떤 입장이 우리에게 있을까? 어떻게 역사가가 어느 정도의 확신을 가지고 역사적 예수에 대해 말할 수 있을까?

지각 III
믿는 것이 보는 것이다

> 그리스도인으로서 나에게 속아야 할 의무는 없습니다. 그러나 나에게는 진리와 정의를 위한 싸움꾼(fighter)이 될 의무가 있습니다.
>
> 마틴 루터 킹 주니어

마틴 루터 킹의 천재성은 대중의 지각을 조종할(manipulate) 수 있는 능력에 있었다. 그보다 앞서 그랬던 간디처럼, 킹은 압제 체제의 가해자들이 당황하게 될 수 있음을 알았다. 미국 백인은 불의를 저지르기 좋은 위치에 있었다. 그가 이런 능력과 지혜를 사용하지 않았다면, 냉소적인 방관자들은 텔레비전에 나오는 것을 보면서 그냥 지나쳤을 것이다. 그러나 킹은 적시적소에 있는 텔레비전 카메라를 이용하여 대중의 공감을 얻어냈다.

미국인들이 텔레비전에서 본 것은 대부분 의도적으로 연출된 것이었다. 킹의 '소극적' 시위는 경찰의 폭력적 대응을 유발하기 위해 계획된 것이었다. 개 또는 소방호스가 사용될 것 같은 의심이 들었을 때 킹은 이를 언론에 귀띔했을 것이다. 그와 더불어 시위했던 이들은 싸우거나 달아나기보다는 희생당하는 모습을 극적으로 보여 주는 방법을 배웠다. 마틴 루터 킹은 카메라에 비쳐질 현실을 '써 내려 감'으로써 대중의 견해를 형성했다. 이는 인위적인 동시에 실제 현실이었다. 지각을 조종하는 능력은 강력한 도구가 될 수 있다.

그러나 내가 고백해야 할 것이 있다. 나는 이 장을 시작하면서 어떤 인용문을 읽도록 유도했다.

> 그리스도인으로서 나에게 속아야 할 의무는 없습니다. 그러나 나에게는 진리와 정의를 위한 싸움꾼(fighter)이 될 의무가 있습니다.
>
> 마틴 루터 킹 주니어

위 인용문이 킹이 한 말이 아니라 아돌프 히틀러(Adolf Hitler)가 한 말이었다면, 달리 보일까? 실제로 저 인용문은 히틀러가 한 말이다. 저 말은 킹의 신학을 잘 묘사해주지만, (내가 아는 한) 킹은 저 말을 한 적이 없다. 만약 이 점이 저 인용문에 대한 당신의 지각을 바꾼다면, 나는 당신이 그 이유를 묻도록 부추길 것이다. **누가 저 말을 했는지가 왜 중요할까? 말의 출처가 말이 담고 있는 진리를 바꿀까?**

당신이 어떤 인용문에 대한 출처 정보를 제시할 때, 당신은 권위에 호소한다. 역사적 인물의 이름을 제시함으로써, 그 인물에 대한 역사적 기억을 따라 인용문의 틀을 짤 것이다. 나는 (거짓으로) 먼저 "진리와 정의를 위해 싸우는 전형적인 투사(fighter)"에 대한 기억으로 위 인용문의 틀을 짰다. 그렇게 함으로써 나는 당신이 '싸움꾼'이라는 단어를 은유적으로 읽도록 만들었다. 만약 킹이 저 문구를 사용했더라면, '싸움꾼'이란 단어는 소극적 저항이라는 킹의 유산을 떠올리게 했을 것이다.

> 우리가 지닌 해석의 틀들은 대개 우리 자신에게 알려져 있지 않다.
> 해석의 틀을 드러내기 위해서는 종종 극적인 전환이 필요하다.
> 그러나 나는 이 점을 강하게 강조해야 하는데,
> 바로 해석의 틀을 재구성하는 일은 그렇게 극적이지 않다는 점이다.

그러나 이제 저 단어는 전형적인 파시스트의 입을 나타내게 되었다. 다른 말로 하면, 히틀러의 폭력적인 유산을 떠올림으로써 '싸움꾼'이라는 단어는 별로 은유적으로 읽히지 않을 것 같다. 아돌프 히틀러에 대한 기억으로 틀을 짜면, 이 단어는 뭔가 완전히 다른 의미가 된다. 나는 이런 식으로 저 인용문의 맥락을 다시 짬으로써 당신의 지각을 조종하였다.

이는 단순한 의미론보다 더 많은 것을 보여 준다. 나는 의도적으로 서로 상반되는 쪽을 대표하는 전형적인 역사적 모형을 사용하였다. 킹이란 이름은 역사적 인물 킹보다 훨씬 더 많은 것을 상징하고 있다. 그 이름은 소망, 이상, 소신이 복잡하게 얽힌 통합체이다. 그 이름은 몇몇 문화적 사고-범주에서는 하나의 암호이다. 동일한 방식으로 히틀러라는 이름 또한 전형이다. 나는 거짓말로 킹에게 호소한 후 히틀러에게로 관심을 전환함으로써, 동일한 문구에 완전히 다른 해석의 틀을 설정해 놓았다.

우리가 지닌 해석의 틀들은 대개 우리 자신에게 알려져 있지 않다. 해석의 틀을 '드러내기' 위해서는 종종 극적인 전환이 필요하다. 그러나 나는 이 점을 강하게 강조해야 하는데, 바로 해석의 틀을 재구성하는 일은 그렇게 극적이지 않다는 점이다.

이런 식의 미묘한 재구성은 항상 일어난다. 혹시 결혼한 부부가 옷 색깔에 대해 논쟁하는 것을 들어본 적이 있는가? 남편은 옷이 검정색이라고 확신한다. 아내는 남색이라고 생각한다. 아내도 마찬가지로 확신하고 있다. 이런 논쟁을 해결해 달라고 부탁 받아 본 적이 있는가? 나는 이런 논쟁에 가담해야 했던 적이 있다. 방 안에 있는 사람이라면 분명 방 안의 비슷한 색에 호소하고 대조되는 색과 비교할 것이다.

> **아내:** 봐, **이게** 검정이고 저건 **남색**이야!
>
> **남편:** 아니야, 그건 그냥 색이 흐린 거야. 그걸 당신 리바이스 청바지랑 비교해 봐. 어떻게 저게 검정이 아니라고 할 수 있지?

남편과 아내는 서로 생각하기를, 주변 상황을 바꾸면 상대방이 색을 제대로 인식할 것이라고 본다. 그것은 해석의 틀을 단순히 재구성하는 것이다. 부부가 자기 생각을 확실하게 하기 위해서 굳이 재구성하는 것이다. 나는 될 수 있으면 이런 재구성은 피하라고 강추한다.

한번 틀이 확실히 자리 잡으면, 틀을 재구성하기란 매우 어렵다. 성 프란치스코의 기도를 생각해 보자.

주님, 저를 당신의 평화의 도구로 사용하여 주소서
미움이 있는 곳에 사랑을 심게 하시고
다툼이 있는 곳에 용서를
의심이 있는 곳에 신뢰를
절망이 있는 곳에 소망을
어둠이 있는 곳에는 빛을
슬픔이 있는 곳에 기쁨을 심게 하소서.

오 주 하나님, 저로 하여금
너무 많은 위로를 구하기보다 위로하게 하시고
이해 받기보다는 이해하게 하시며
사랑받기 보다는 사랑하게 하소서.

우리는 내어줌 가운데 받으며
용서하는 가운데 용서받으며
죽음 가운데 영원한 생명을 얻기 때문입니다.

역사적으로 보면, 위의 글은 성 프란치스코와 아무런 관련이 없다. 이 기도는 『작은 종』(La Clochette, 1912)이라는 프랑스 잡지에 익명으로 실린 글이며, 그 뒤 1920년에 성 프란치스코 그림을 배경으로 인쇄되었다. 그러나 이 글이 어디에서 비롯되었는지를 아는 우리들조차도, 성 프란치스코에 대한 연상을 떨쳐내기가 어렵다. 가끔 나는 이러한 연상이 이 기도에 대한 나의 지각에 도움이 되는지 지장이 되는지 여부가 궁금하다.

이와 같이 지각은 계획에 의해 조종되든 우연히 조종되든, 지속적으로 조종된다. 수많은 민주주의적 자본주의의 수혜자들에게 있어 마르크스의 사상은 레닌, 스탈린과 카스트로의 유산 속에서 재형성 되어 왔다. "Helter Skelter"라는 표현은 비틀즈에 의해 새로운 의미를 부여받았고, 그 뒤 찰스 맨슨(Charles Manson)에 의해 재형성되었고, 다시 U2에 의해 재형성 되었다. 사도 바울의 글은 여성혐오자들과 마찬가지로 페미니스트들에 의해서도 재형성되었다.

이와 유사한 지각의 조종은 스토리텔링에서도 볼 수 있다. 재미난 이야기꾼은 중대한 세부 사항을 이야기 말미에 드러냄으로써, 독자들이 새로운 빛에 비추어 이야기 앞부분의 구성 요소들을 보도록 강제하는 힘이 있다. 나이트 샤말란(M. Night Shyamalan)의 영화 《식스 센스》(The Sixth Sense)를 생각해 보라. 이 유령 이야기 속에서 주인공은 과학적으로 설명할 수 없는 행동의 가능성을 살핀다. 브루스 윌리스가 정신과 의사 역을 맡았는데, 그 의사는 죽은 사람들의 혼령과 이야기를 나눈다는 어느 환자의 고백을 듣게 되지만, 이를 믿지는 않는다. 이야기가 끝나가면서(만약 당신이 영화를 아직 보지 않았다면, 나는 지금 당신의 재미를 망치는 중이다), 관객들은 정신과 의사 자신이 바로 유령 중 하나였음을 알게 된다.

이러한 반전이 드러날 때, 관객들은 이야기 전체를 새로운 관점으로 다시 생각해 보게 된다. 1999년에 이 영화는 매우 성공을 거두었다. 많은 관객들이 영화를 처음 봤을 때 가졌던 줄거리에 대한 자신의 지각을 다시 형성하고자 한 번 더 영화를 관람했다. 두 번째 지각했을 때, 관객들은 영화 전체에 걸쳐 나타나는 마지막 반전의 실마리들을 알아보았다. 관객들이 영화를 처음 봤을 때는 이러한 세부 요소들이 별다른 의미를 지니고 있지 않았다. 처음 볼 때는 이러한 세부 요소들이 쉽게 간과된 반면, 두 번째 볼 때는 매우 흥미로운 요소가 되었다.

이것이 보여 주는 바는 지각의 조정이 반드시 비밀리에 이루어지는 것은 아니라는 점이다. 사람들이 이 영화를 즐긴 이유는 바로 이 영화가 자신들을 매우 잘 조종했기 때문이다! 이는 마술사들이 군중의 마음을 끄는 것과 동일한 이유다. 착각(Illusions)은 흥미로운 것이다.

지금까지 이 장에서는 의도적이고 전략적인 지각 조정의 예를 제시했다. 그러나 모든 지각은 어느 정도 가변적일 수 있다는 점을 이해하는 것이 중요하다. 순환의 모형을 세우면(지각 II), 지각은 인상(impressions)과 투사(projections), 투사와 인상의 지속적인 순환으로 여겨질 수 있다. 우리는 우리가 지각할 것으로 예측하는 바를 세계에 투사한다. 따라서 익숙한 범주들은 우리가 지각할 공산이 높은 것이 무엇일지

형성한다. 그러나 새로운 지각이 들어설 때마다 우리의 사고-범주들은 약간씩 달라진다. 지각에 강한 인상을 남길수록, 그 지각은 우리의 범주들이 달라지게 할 것이다.

철학자 한스-게오르크 가다머(Hans-Georg Gadamer, 1900-2002)는 투사와 인상 사이에서 이러한 왕래(ebb and flow)는 대체로 잠재의식적이라고 주장하였다.

> 해석자의 의식에 자리 잡은 선입견들과 선의미들은 해석자의 통제에 있지 않다. 해석자는 이해를 가능케 하는 건설적인 선입견과, 이해를 방해하며 오해로 이끄는 선입견을 사전에 분리할 수 없다.[1]

이를 바탕으로 하면, 지각은 늘 오해의 가능성이 있게 한다. 우리는 늘 세계에 대한 우리의 이해를 개선하고 있기 때문에, 어떤 면에서 모든 지각은 (아무리 조금이라도) 오해인 것이다. 우리가 배우는 것이 소박한(naïve) 사고-범주를 재형성하는 것이 아니라면 무엇이겠는가?

나는 여기서 다음과 같은 것을 말하는 것이 아니다. 즉, 절망하리만큼 우리 주위의 대상들이 상대적이라고 말하려는 것이 아니다. 우리가 생존하려면, 우리의 감각들을 신뢰해야 한다. 그럼에도 여전히 우리의 지각을 개선할 여지는 항상 있다. 이런 식의 상대주의는 절망적인 것이 아니다. 이는 우리가 더 잘 지각하기 위해서 감각을 훈련시킬 수 있다

---

1 Hans-Georg Gadamer, *Truth and Method* (New York: Continuum, 2004), p. 295. 『진리와 방법』(문학동네, 2012).

는 희망을 준다.

베이비 모니터를 듣는 새내기 부모는 자신의 감각을 신뢰하기까지 시간이 좀 걸린다고 말할 것이다. 딸이 태어난 지 얼마 안 되었을 때, 나는 모니터에서 나오는 소리를 듣고 아내에게 물었다. "이거 우리 딸이야?" 이런 물음이 있은 다음에는 언제나 귀를 기울이기 위한 침묵이 따라 온다―엄마와 아빠 모두가 더 잘 들으려고 기다린다. 엄마와 아빠 모두 자신에게 실제로 들리지 않은 것을 들었다고 생각할 수도 있다는 점을 안다. 우리는 우리의 감각을 신뢰해야 하고, 따라서 감각들이 훈련되어야 한다.

환경과 직업에 따라 보통을 넘어서도록 자신의 감각을 훈련시킬 수 있다. 대개 엄마들은 (눈을 가리고) 냄새만으로도 자신의 아이임을 알 수 있다. 기량이 뛰어난 항해사들은 바람이 몸에 닿기 전에 물의 결과 색을 인식함으로써 알 수 있다. 위대한 야구선수 벅 오닐(Buck O'Neill)은 스윙 소리로 타자를 분간할 수 있었다.

반면에, 우리는 자신의 감각이 흐려지면 감각을 덜 신뢰한다. 그럴 때는 다른 이들을 신뢰하는 법을 배워야 한다. 나의 아버지는 자신의 후각을 누그러뜨리는 약물을 복용하고 있다(그래서 아버지의 요리는 재밌는 맛을 낸다). 그는 오븐의 점화장치가 꺼졌다는 의심이 들면, 가스 냄새 같은 게 나는지를 다른 누군가에게 물어야 한다는 점을 알고 있다. 우리가 나이를 먹을수록, 얼마나 우리의 지각이 불확실한지가 더욱 분명해진다.

마지막으로, 미묘한 논의에서 극단적인 논의로 옮겨가야 한다. 나는 지각에 대한 미세한 조정, 오해, 훈련의 예를 들어 보려고 하였다. 나는 우리가 지각하는 과정에서 '범주 투사'가 얼마나 일상적이고 흔한지를 보이려고 이렇게 하였다. 지각의 가변적 성질은 낯선 철학적 개념이 아니다. 우리의 일상생활에 스며들어 있는 상식적인 것이다.

그러나 얼마나 강력한 범주 투사가 가능한지를 보이기 위해서, 극단적인(그리고 완전히 비극적인) 예가 도움이 될 것이다. 이 마지막 예는 실제 있었던 이야기로, 2008년에 모든 주요 뉴스 방송에서 보도된 것이다:

테일러대학교 학생들을 태우고 가던 승합차에 사고가 났다. 세 명의 학생과 한 명의 교직원이 목숨을 잃었다. 사고의 여파로 두 여학생의 신원에 착오가 생겼다. 휘트니 세락(Whitney Cerak)을 로라 반 린(Laura Van Ryn)으로, 반 린을 세락으로 혼동했던 것이다. 세락만이 생존자였다. 반 린은 목숨을 잃었다. 그것은 선의를 지닌 공무원들이 빚은 단순하고도 비극적인 실수였다. 휘트니 세락의 가족들은 세락이 죽었다고 전해 들었고, 세락을 잃은 슬픔에 잠겨 있었다. 한편 반 린의 가족들은 그들이 로라 반 린으로 알고 있었던 여학생이 건강을 되찾도록 간호하였다.

로라 반 린의 가족들과 반 린의 남자 친구는 5주 동안 꼬박 휘트니 세락을 돌보았다. 세락을 로라로 지각했던 것이다. 그들은 낯선 이를 친숙한 이름으로 부르고 있었다는 사실을 깨닫기 전까지, 5주 동안 매일 24시간 그녀의 머리맡에 앉아 있었다. 두 여학생에겐 비슷한 특징도 꽤 있었지만, 완전히 다른 부분도 많이 있었다.[2] 《데이트라인》(Dateline)의 맷 라우어(Matt Lauer)는 두 여학생의 가족들을 인터뷰했다.[3] 라우어는 다음과

같이 자기 생각을 덧붙였다:

> 휘트니와 로라의 모습은 비슷합니다. 두 학생 모두 어리고, 금발이며, 매력적입니다. 그러나 중요한 차이점 또한 있습니다. 이와 눈이 다르고, 피어싱도 그렇습니다. 그리고 휘트니는 로라보다 키가 10센티미터 정도 더 큽니다. 그들[로라의 가족들과 친구들]은 어떻게 이런 차이를 못 알아볼 수 있었을까요?

심한 사고를 당한 후, 낯익은 얼굴이 붓거나 외상을 입은 것으로 예상된다. 표정이 없어서(휘트니는 사고 후 의식이 없었다) 얼굴을 구분하기가 더 어려웠으리란 점 또한 납득이 갈 것이다. 그러나 이 이야기를 주목할 만한 이유는 한 달도 넘는 기간 동안 휘트니 세락을 잘못 지각했다는 점이다. 이 한 달 동안 집단 치료, 마주보고 대화하기, 물리적 상호작용이 있었다. 어떻게 부모, 언니, 남자 친구가 모두 오랜 기간 동안 못 알아볼 수 있었을까?

맷 라우어가 반 린 가족과 했던 인터뷰 기록이 이 중요한 물음을 던지고 있다.[4]

---

2   이 두 소녀의 얼굴은 다음의 주소에서 볼 수 있다. http://www.usatoday.com/news/nation/2006-05-31-indiana-mistaken-identity_x.htm. 나는 그들 가족을 존중하는 의미에서 책에는 사진을 싣지 않았다.

3   http://www.msnbc.msn.com/id/23849928/.

4   http://www.msnbc.msn.com/id/23849928/page/10/. 인용문에서 괄호[ ] 안의 내용은 이해를 돕기 위해 내가 삽입한 것이다.

맷 라우어: 많은 시청자들이 꼭 한번 물어보고 싶어 하는 질문 하나를 다루고자 합니다. 시청자들은 이렇게 말할 것 같습니다. "가족들이 침대 바로 옆에 24시간 붙어 있었고, 잠시 동안이라도 눈동자 색깔, 치아, 배꼽을 볼 수 있는 순간들이 있었을 텐데. 어떻게 그렇게 오랫동안 그런 일이 있을 수 있었습니까?" 이에 대해 어떻게 설명할 수 있을까요?

돈 반 린[고인의 아버지]: 그렇습니다. 먼저 제가 말하고자 하는 것은 당신의 말이 맞다는 것입니다. 놀라운 일입니다, 그렇죠? 어떻게 그렇게 오랫동안 그럴 수 있었을까요? 그러나 우리가 말해 왔던 것처럼, 그 당시 저희의 입장이 되어 보시라는 것입니다. (…) 나락의 길 위에서 우리가 들었던 말로 돌아가 봅시다. 그 당시의 저희 딸은 아시다시피 심한 사고를 당했습니다. 딸이 외상을 입어서 모습이 변했을 것이라는 예감이 들었습니다. 그리고 안에 들어갔을 때 그런 모습을 봤어요. 그리고 튜브가 달려 있었어요. 그리고 우리는…… 그 애가 로라로 보였어요. 그리고 비슷한 부분들도 분명 많았어요. 지금 다시 보면, 아니에요. 나는 그 아이가 로라와 닮았다고 생각하지 않아요. 그러나 게다가, 적어도 100명도 넘는 다른 사람들, 다른 친구들도 거기에 와서 그 아이를 봤다는 점 또한 아셔야 해요.

맷 라우어: 혹시 그런 건가요? 그러니까 사람들이 이처럼 어떤 트라우마에 맞닥뜨리면, 세상이 뒤집혀서 어떻게든 들은 대로 보게 되고,

믿고 싶은 대로 믿게끔 되는 그런 것인가요?

돈 반 린: 정말로 가능합니다. 그리고 저희들은 그 아이가 회복되는 데에 모든 에너지를 집중했습니다. 치료에요. 그리고 이것이 그 아이의 정체성이 되었죠. 저희가 말하는 바는 (…) 라우어씨가 말한 것과 비슷한데, 그러니까……

리자 반 린[고인의 언니]: 그 아이의 달라진 상태가 그 아이의 정체성이 되어버렸습니다.

돈 반 린: 그렇습니다. 당신은 "글쎄요, 그건 그저……"라고 말하겠지만요, 이런 것들은 그때 우리가 기대하고 있었던 것이 아닙니다. 제 말은, 그때 우리는 이 아이가 우리 딸이 아니었다는 사실을 밝혀내려고 보살폈던 것이 아니라는 것입니다.

리자 반 린: 시청자들은 모두 "왜 치아 모양이라든지, 신발이나 아니면 다른 구별할 만한 것들을 알지 못했습니까?"라고 말합니다. 그건 〔로라인지 여부를 알아맞히기 위한〕 퍼즐 조각 같은 것인데, 그때 저희는 그런 것들에 대해 생각해 보지도 않았습니다.

수지 반 린[고인의 어머니]: 우리는 거기에 퍼즐이 있는지도 몰랐습니다.

리자 반 린: 우리가 퍼즐 조각들을 맞춰 봐야 했다는 것을 몰랐던 거죠.

돈 반 린의 설명은 이 책의 목적상 매우 중요하다. 그는 이렇게 말했다. "나락의 길 위에서 우리가 들었던 말로 돌아가 봅시다. 그 당시의 저희 딸은 아시다시피 심한 사고를 당했습니다. 딸이 외상을 입어서 모습이 변했을 것이라는 예감이 들었습니다. 그리고 안에 들어갔을 때 그런 모습을 봤어요."

가족들은 지각하리라고 **예감**했던 것을 들었다. 이렇게 예감하자, 자신들의 예상에 따라서 지각했다.

예상은 지각의 상당 부분을 차지한다.

이 책을 진행하면서, 나는 지각의 본질적인 특성인 해석적 특성을 보여 주는 지각의 예시들을 제시하였다. 나는 지각하는 행위에는 해석이 **요구된다**고 주장하여 왔다. 이는 색채 연상과 같이 사소한 일에 있어서도 사실이고, 가장 힘든 시기에 당신의 자녀를 확인하는 일과 같은 중대한 일에 있어서도 사실이다. 이것은 중간 과정인 모든 지각 행위에 관한 사실이다.

지각은 해석이다. 당신이 처한 환경, 당신의 가족, 문화, 감정 상태, 선입견이 모든 것을 채색한다. 인간의 마음은 끊임없이 바뀌고 있는 자신의 사고-범주에 따라 지각한다.

더 읽어볼 만한 책들

S. J. Ceci. "False Beliefs." Pages 91-125 in *Memory Distortion*. Edited by D. Schachter. Cambridge, MA: Harvard University Press, 1995.

Judith C. S. Redman. "How Accurate Are Eyewitnesses? Bauckham and the Eyewitnesses in the Light of Psychological Research." *Journal of Biblical Literature* 129, no. 1 (2010): 177-97.

D. J. Simons. "Inattentional_blindness," *Scholarpedia* 2, no. 5 (2007): 3244. Available from www.scholarpedia.org/article/Inattentional_blindness.

기억 III
거울로 보는 것 같이 희미하나

우선 사실에 기초하라. 그러면 원하는 대로 왜곡할 수 있다.

마크 트웨인(Mark Twain)

이 장은 짧게 진행될 것이다. 나는 여기서 기억에 대한 나의 기본적인 개념을 제시할 것이다. 나는 여러 사례들을 한 트럭 투척하는 가운데 이 개념이 길을 잃는 것을 원하지 않기 때문에, 딱 한 가지 예만 들려고 한다. 나는 내가 생각하는 것—굴절(refraction)—이 기억의 본질임을 소개하기 위해 망원경의 유비를 사용할 것이다.

전문적으로 기억을 연구하는 이론가들이 사용하는 전문 용어가 하나 있는데, 그것은 나를 귀찮게 한다. 그 용어는 '왜곡'(distortion) 내지 '기억 왜곡'이다. 여기서 기본 발상은 모든 기억들이 여과되고, 채색되고, 강조되고, 이용되고, 시간이 흐르면서 희미해진다는 점 등등이다. 이것은 기억에 관한 '기억 저장소'(memory bank) 모델에서 벗어나도록 충격을 가하기 위한 용어이다. 많은 이론가들은 '마음이 기억을 담아두기 위한 단순한 저장 장치(storage unit)처럼 작동한다는 개념'에 전적으로 결함이 있음을 강조하기 위해 '왜곡'이란 단어를 즐겨 사용한다. 그들은 기억이 '수동적으로 지각된 것이 아니며' 저마다의 새로운 해석을 통해 형성되고 재형성된 것이라고 주장한다. 그러므로 기억하는 행위는 늘 왜곡하는 행위다.

나는 기억에 대한 이러한 설명에 대부분 공감한다. 앞서 나는 기억 '패턴'의 측면에서 기억하는 과정을 도식으로 나타냈다. 그러나 내가 '기억 왜곡'을 언급할 때마다, 사람들은 불쾌감을 느끼며 움찔하였다. '왜곡'이란 단어는, 그 단어를 사용하지 않았더라면 설득력이 있었을 논증에 마음을 기울이지 못하도록 만드는 부정적인 함축을 지니고 있다. 기억 이론가들이 기억 왜곡을 언급할 때는 대개 '틀린 기억'에 대해 말하고 있는 것이 아니다. 많은 사람들에게 있어, '왜곡'이란 단어는 세뇌당한 역사 또는 수정주의 역사라는 생각을 불러일으킨다. 그러나 기억 왜곡을 설명하기 위해, 나는 왜곡의 불가피한 기능 및 유익한 기능을 강조해야 한다. 왜곡은 대부분 **기억 선택이라는 자연적 기능이자, 필연적 기능이며, 양성**(良性; benign)**적 기능**임을 지적하는 것이 정말로 중요하다.

관점과 해석은 기억이 존재하기 위한 아주 기초적인 기반이다. 어떤 것이 기억되기 위해서, 관련된 사항이 기억으로 선택되어야 하고, 모든 무관한 세부 사항들과 구별되어야 한다. 어떤 대상에 대한 모든 세부 사항을 안다는 것은 그야말로 불가능하다. 대부분의 세부 사항은 다른 것들이 강조되기 위해서 잊혀야 한다. 특정 세부 사항에 대한 강조 없이 대상을 기억해 내는 것, 또는 관점이나 해석 없이 대상을 상기하는 것은 불가능하다. 우리는 지각을 선별하여 기억하면서 지각을 왜곡하는 것이다.

> 우리가 과거를 과거에 존재하는 그대로 '보지' 않는다는 사실은 바로 우리가 우리의 기억에 의존해야만 하는 이유이다. 우리가 보는 것은 과거가 굴절된 형태 또는 휘어진 형태이다. 기억은 기억 굴절이다.

그래서 정말로 **기억은 왜곡이다.** 이는 우리의 기억들이 사실이 아니라는 의미가 아니다. 진리의 기준이 주어진 기억에 **왜곡이 없음**으로 정의된다면, 과거의 지각에 대한 모든 논의는 무용하게 될 것이다. 기억 이론가 마이클 셔드슨(Michael Schudson)은 다음과 같은 혼동에 대해 설명하였다. "기억이 '왜곡될' 수 있다는 개념은 어떤 표준이 있어서, 그로써 우리가 [참된] 기억이 무엇이어야 하는지를 판단 내지 측정할 수 있다는 가정을 담고 있다."[1] 이와 유사하게, 기억 이론가 얀 아스만(Jan Assmann)은 "'왜곡된 기억' 개념은 '왜곡되지 않은 기억' 같은 것이 있음을 가정하

---

[1] Michael Schudson, "Dynamics of Distortion in Collective Memory," in D. L. Schacter, ed., *Memory Distortion: How Minds, Brains, and Societies Reconstruct the Past* (Cambridge, MA: Harvard University Press, 1995), p. 346.

는 듯해 보인다"² 고 말한다. 셔드슨은 그러한 표준은 실재하지 않는다고 주장한다. 왜냐하면 "[왜]곡([d]istortion)이 필연적이기 때문이다. 기억은 예외 없이, 필연적으로 선택적이기 때문에, 기억은 왜곡이다."³

그러나 여전히 내가 아무리 명확하게 또는 아무리 자주 **모든 기억은 기억 왜곡**이라고 주장하며, 이 주장이 결코 기억의 신뢰성을 훼손하지 않는다고 말한다 하더라도, '왜곡'이란 단어가 갖는 부정적 뉘앙스는 사람들에게 거리낌을 준다.⁴ 앞서 인용한 트웨인의 설명 같은 사실의 왜곡은 결코 양성적으로 보이지 않는다. 그래서 나는 왜곡이란 말 대신, 다른 언어를 사용할 수 있게끔 다른 모델을 선택했다. 나는 망원경 렌즈라는 모델을 사용하여 '기억 굴절'이란 측면으로 말한다.

우리는 맨눈으로 볼 수 없는 것을 망원경을 통해 볼 수 있다. 이는 망원경에 빛을 굴절시키는 일군의 렌즈들이 있기 때문에 그런 것이다. 이 렌즈들은 시야 밖의 대상과 우리 눈 사이의 빛을 굴절시킴으로써, 대상이 원래보다 크게 보이게 만든다. 이렇게 하여 시야에 들어온 상(像)은 대상의 '왜곡된' 형태이다. 따라서 우리는 그 대상을 실재 존재하는 그대

---

2   Jan Assmann, "Ancient Egyptian Anti-Judaism: A Case of Distorted Memory," in Schacter, ed., *Memory Distortion*, pp. 365-78.

3   Schudson, "Dynamics," p. 348. 그러나 Schudson(p. 361)은 그러한 입장이 기억(또는 역사)에 대한 불가지론적 접근을 요구한다는 개념을 거부한다. 오히려 그는 다음과 같이 주장한다. "해석이 자유롭게 부유한다면, 현재의 관심에 이바지하도록 완전히 조작될 수 있으며, 흔들리지 않는 증거라는 견고한 기반이 완전히 닻을 거두어들이게 되며, 결국에는 과거에 대한 논란들이 흥미를 잃게 될 것이다. 그러나 실제로 그것들은 흥미롭다. 그리고 그것들은 우리 마음을 사로잡는다. 왜냐하면 사람들은 실제로 일어난 어떤 과거의 일에 대해 우리가 어느 정도까지는 알 수 있고 어느 정도까지는 동의할 수 있다고 믿기 때문이다."

4   이는 우리의 지각 패턴이 얼마나 확고하게 언어 범주 속에 자리 잡고 있는지를 확인시켜 줄 뿐이다.

로 보는 것이 아니라, 굴절된 빛을 통해서 대상이 왜곡된(여기서는 커진) 상을 보는 것이다.

이것이 바로 기억이 우리에게 하는 것이다. 우리는 과거를 볼 수 없다. 과거는 보이지 않는다. 그러나 우리는 '기억'이라고 부르는 도구를 가지고 있다. 기억이라는 도구는 과거와 연관된 현재의 인지적 상태에 우리의 주의를 집중시킨다. 기억 과정을 통해서 우리는 과거와 비슷한 근사치로서의 상을 볼 수 있다. 따라서 기억은 보이지 않는 과거와 현재 사이의 거리를 왜곡하는 것이다. 기억은 설계된 대로 빛을 굴절하는 일군의 렌즈들과 같이 작동한다. 우리가 과거를 과거에 존재하는 그대로 '보지' 않는다는 사실은 바로 우리가 우리의 기억에 의존해야만 하는 이유이다. 우리가 보는 것은 과거가 굴절된 형태 또는 휘어진 형태이다. **기억은 기억 굴절이다.**

기억을 다양한 방식으로 굴절시키는 다양한 크기와 모양의 렌즈들이 있다. 셔드슨은 기억 왜곡(내가 '굴절'이라고 부르는 것)의 네 가지 범주를 제시한다.[5]

(1) 원격화(distanciation): 기억이 흐릿해지는 경향 또는 세부 사항이 잊히는 경향[6]
(2) 도구화(instrumentalization): 현재에 더 잘 기여하기 위해 기억이 재해석되는 경향
(3) 관습화(conventionalization): 기억이 사회-전형적 경험들에 맞춰지는 경향
(4) 설화화(narrativization[내러티브화]): 이야기함(storytelling)이라는 제약을 통하여 기억이 관습화되는 경향[7]

우리가 기억에서 역사로 다시 옮겨 가면서, 이 각각의 영역들은 우리의 논의에서 어떤 자리를 갖는다. 다음 장에서는 네 번째 범주—이야기라는 굴절 렌즈—에 초점을 맞출 것이다.

하나 더: 일군의 굴절을 신뢰할 만하기 위해서는, 그것들이 개연성 있어 보여야만 한다. 그 굴절들이 만화경 같은 방식으로 왜곡된다면, 우리는 혼란스러워 질 것이며 우리의 기억을 신뢰하지 않을 것이다. 기억은 궤적을 따라 휘는 일군의 미세한 굴절이다. 기억을 이해할 만하게 만드는 것이 이러한 미세한 굴절의 연속성이다. 이러한 연속성에 극적인 전환이나 큰 간격이 있다면, 우리는 문제가 있음을 알게 될 것이다. 대개 우리는 문제를 의식하지 않는다—기억을 그저 의문의 여지가 없는 당연한 것으로 생각한다.

대개 기억은 익숙한 패턴으로 굴절된다. 이는 역사가들에게 유용한데, 왜냐하면 이런 패턴들이 도표화될 수 있기 때문이다.

5   Schudson, "Dynamics," p. 348.
6   이는 폴 리쾨르의 문학적/해석학적 거리 두기와 동일하지는 않지만 유사하다("The Hermeneutical Function of Distanciation," *Philosophy Today* 17, no. 2 [1973]). 이 개념은 아마도 인간이란 동물의 기본 상태가 망각 상태지만 인간에게 기억을 심어 줌으로써 "어떤 경우에는 망각이 일시 중지될 수 있다"고 말한 니체에 의해 가장 잘 요약된다. (*The Genealogy of Morals* [Garden City, NY: Doubleday Anchor Books, 1956 (1887)], p. 39; 『도덕의 계보』, 책세상, 2002).
7   나는 다른 곳에서 제5항을 추가하였다. (5) 언표화(articulation): 기억이 언어 관습에 맞춰지는 경향

더 읽어볼 만한 책들

A. Le Donne, "Theological Memory Distortion in the Jesus Tradition." In *Memory and Remembrance in the Bible and Antiquity*, edited by L. T. Stuckenbruck, S. C. Barton, and B. G. Wold. Tübingen: Mohr Siebeck, 2007.

Judith C. S. Redman. "How Accurate Are Eyewitnesses? Bauckham and the Eyewitnesses in the Light of Psychological Research." *Journal of Biblical Literature* 129, no. 1 (2010): 177-97.

D. Schacter. *Memory Distortion: How Minds, Brains, and Societies Reconstruct the Past.* Cambridge, MA: Harvard University Press, 1995.

역사 III
만약 기억이 기여한다면

역사가들의 학문과 연구가 사실을 발견하게 하고, 역사가의 상상력과 기술이 그 사실의 중요성을 명료하게 만들도록 하라.

조지 트리벨리언(George Trevelyan)

역사를 되돌아본다는 것은 필연적으로 역사를 왜곡하는 것이다.

노먼 피어슨(Norman Pearson)

내가 제일 좋아하는 영화는 스티븐 스필버그의 《쉰들러 리스트》(Schindler's List)이다. 이 영화는 아이러니, 어둠, 은혜에 관한 감명 깊은 연구다. 아몬 괴트는 아마 스크린에서 볼 수 있는 가장 비루한 인물일 것이다. 오스카 쉰들러는 언제든 당신이 공감을 투사할 만한 가장 복잡한 주인공이다. 3시간 동안 펼쳐지는 영화 속 집단 유배에 대한 이야기와 궁극의 관계(ultimate belonging)에 대한 이야기는 이제까지 본 것 중에 최고였다. 이 영화는 또한 영화팬들이 '실화를 바탕으로'라는 문구와 연결시킴으로써 '사실'의 범주에 들어가게 되었다. 이 문구는 어느 정도 '역사적'이란 의미로 사용되는 경향이 있다.

역사적 이야기를 말한다는 것은 애매한 일이다. 《쉰들러 리스트》의의 경우를 보면, 미디어가 이야기 자체를 극적으로 형성한다. 『쉰들러 리스트』(Schindler's Ark; 중앙일보사, 1994)라는 책의 머리말(작가의 말)을 읽은 사람이라면, 기억에서 소설로, 소설에서 영화로 옮겨가면서 역사가 된 변천사를 안다. 그럼에도 여전히 그 이야기는 '사실'이다.

나는 종종 이야기를 풀어내는 행위 너머에 이야기의 사실성이 존재하는지, 아니면 풀어냄을 통해서 사실이 매개되는지 여부가 궁금했다.

어떤 이들은 화자가 **실제로 일어난 일 그대로**를 사건에 얼마나 잘 반영하고 있는지에 이야기의 사실성이 달려있다고 말할 것이다. 나는 이것이 타당한 생각임을 기쁜 마음으로 인정한다. 내가 이것을 다음과 같이 바꾸어 말하는 한 말이다. 즉, 화자가 **집단적으로 기억되어 온 것**을 사건에 얼마나 잘 반영하고 있는지에 이야기의 사실성이 달려있다. 이러한 개념의 전환은 포스트모던 역사 철학에 대한 나의 핵심 관심사 중 하나를 드러내 준다. 그럼에도 이러한 관점은 그저 그림의 일부분만을 드러낼 뿐이다.

또 다른 이들은 이야기가 얼마나 잘 전달되었는지에 이 이야기의 사실성이 달려 있다고 말할 것이다. 그것은 관객들을 기억으로 끌어왔는가? 이 여세가 사건에 대한 설득력 있는 해석으로 관객들을 몰아쳤는가? 다시 말하고 싶을 만큼 기억을 연관성 있게 만들었는가? 만약 화자가 이런 측면에서 성공하지 못했다면, 이야기의 역사적 사실들은 잊힐 것이다. 만약 화자가 성공한 것이라면, 역사적 사실성이 지켜져 온 것이다.

사실성에 관한 위의 두 설명 모두 당신에게도 타당한 것이길 바란다. 그러나 당신은 역사적 사실성에 관한 저 두 번째 설명에 불편함을 느끼고 있을지도 모른다. 만약 그렇더라도 나는 당신의 불안감이 당연할 수 있다고 생각한다. 아마 다음은 역사 철학에서 가장 논쟁적인 문제일 것이다: **역사가들은 자신의 이야기를 '드러내는'**(uncover) **것인가, 아니면 '창조하는' 것인가?**

음악가 폴 사이먼(Paul Simon, 1941-)은 역사가를 이야기꾼으로 묘사하는 것의 논리적 귀결을 탐구했다.

> 원래 어땠는지에 대해 말해 줘요
> 지어내서 역사처럼 기록해 주세요
> 금발 소녀와 곰 세 마리에 대해서요
> 렌즈의 십자선에 들어온 천사들에 대해서요
> 어떻게 우리 모두가 저 푸른 바다의 자손인지에 대해서요.[1]

여기서 사이먼은 역사를 말해진 것 내지 기록된 것으로 노래한다. 이러한 묘사는 몇몇 종류의 이야기들—동화, 신화, 자연사—을 나란히 세운다. 자연사학자들은 이것이 전혀 도움이 안 되는 장르의 붕괴라고 항의할 수도 있다. 그러나 요점은 분명하다: 이야기하는 행위는 하위 장르

---

[1] "Hurricane's Eye," *You're the One* (Warner Bros. Recordings, 2000).

에 관계없이 거의 동일해 보인다. 작가, 영화 제작자, 시인을 나란히 놓으면, 역사가의 기대는 매우 높아진다. 역사가 솜씨 좋게 전달되지 않는다면, 아무런 상관이 없게 되고 기억에 남지 않게 될 위험이 있다.

포스트모던 역사 철학과 가장 자주 연관되는 이름은 헤이든 화이트(Hayden White)다. 화이트는 역사가의 과업이 본질적으로 창조적인 성격임을 강조했다. 그는 다음과 같이 썼다.

> 역사가의 목표는 연대기(chronicles)에 파묻혀 있는 이야기를 '발견하고,' '감별하고,' '드러냄'으로써 과거를 설명하는 것이라고 간혹 말해진다. '역사'가 '허구'와 다른 점은 역사가가 자신의 이야기를 '발견한다'는 사실에 있다. 반면 소설가는 자신의 이야기를 '창작'한다. 그러나 역사가의 과업에 대한 이러한 개념은 역사가가 작업할 때 '창작'의 역할이 어디까지인지를 불분명하게 만든다.[2]

화이트를 정확히 이해했다면, 우리는 그가 여기에 역점을 두고 있다는 점을 인정해야 한다. 즉, 그가 근대적 경향성에 반대한 것은 역사가 또한 창작가라는 '점의 범위'를 약화시키는 측면이다. 어떤 이들은 화이트가 역사가의 과업에서 창조적인 측면을 지나치게 강조했다고 말할 것이다. 나도 다른 곳에서 그렇게 말했다.[3] 그러나 이제 나는 내가 이전에

---

[2] Hayden White, *Metahistory: The Historical Imagination in Nineteenth-Century Britain* (Baltimore and London: Johns Hopkins University Press, 1973), p. 7. 『메타역사 : 19세기 유럽의 역사적 상상력 1-2』(지식을만드는지식, 2011).

화이트를 비판했던 것이 너무 성급한 것은 아니었나 생각해 본다. 나는 여전히 한 가지 중요한 방식에 있어서 화이트와 갈라져야 한다. 이에 대해서는 적절한 때에 언급할 것이다. 그러나 나는 역사가들이 본질상 이야기를 창조하는 결정을 내린다는 점에 있어 그에게 동의한다.

역사와 시간의 차이를 생각해 보자. 인간이 기억을 통해 말할 수 있는 범위 안에는 시간의 시작이 없다. 우리의 지식이 다다를 수 있는 범위 안에는 시간의 끝이 없다. 시간은 앞으로든 뒤로든 무한하다. 반면, 역사라는 학문은 시작과 중간과 끝을 다룬다. 그래서 특정 인물, 민족, 개념 등의 역사를 말하기 위해서, 나는 어디에서 시작할지, 다음에 무엇이 올지, 어디에서 멈춰야 할지를 결정해야 한다.

> 역사는 줄거리를 이루는 요소들이 어떻게 서로 어울리는지를 해석하는 방식으로 이야기되어야 한다. 이러한 과정은 어떤 세부 사항들이 줄거리에서 가장 중요한지 결정할 것을 역사가들에게 요구한다.

야구의 역사는 뉴저지나 매사추세츠에서 시작해야 할까? 아니면 야구의 전신인 유럽의 '라운더스' 게임에서 시작해야 할지도 모른다. 시작점을 결정함에 있어 특정 지리적 편향이 작용한다. 야구를 명백한 미국

---

3 A. Le Donne, "Theological Memory Distortion in the Jesus Tradition: A Study in Social Memory Theory," in Stephen C. Barton, Loren T. Stuckenbruck, Benjamin G. Wold, eds., *Memory and Remembrance in the Bible and Antiquity* (Tübingen: Mohr Siebeck, 2007), pp. 163-77.

인의 발명품으로 설명하고자 하는 동기가 나에게 있는 걸까? 나는 그러한 동기들에 반발해야 할까, 아니면 그런 동기들을 받아들여야 할까?

존 F. 케네디의 역사가 끝나는 지점은 어디인가? 1963년 이후에 일어난 사건들을 계속 말해야 할까? 워런위원회[케네디 암살 사건 조사 위원회]의 조사 결과들로 마무리 지어야 할까? 그렇게 하면, 내가 그 조사 결과들을 결정적인 것으로 생각한다고 비춰지게 될까? 어디에서 시작하고 마쳐야 할지를 선택하는 것은 이야기 형성에 있어 매우 큰 부분이며, 역사가의 동기들을 노출시키는 부분이기도 하다.

화이트는 과거의 사건에 시작, 중간, 끝을 부과함으로써 소설가들이 창작하는 것과 같은 방식으로 우리 역사가들이 실제로 이야기를 **창작하고** 있다는 점을 내비쳤다. 역사가들은 이야기꾼처럼 '도입 주제'(inaugural motifs, 시작하는 방식)와 '결말 주제'(terminating motifs, 마치는 방식)와 같은 문학적 장치들을 사용해야 한다. 이렇게 이야기에 시간-순서를 선정하여 부과한다는 발상은 화이트가 '배열화'(emplotment)라고 부른 것이다. 역사는 줄거리를 이루는 요소들이 어떻게 서로 어울리는지를 해석하는 방식으로 이야기되어야 한다. 이러한 과정은 어떤 세부 사항들이 줄거리에서 가장 중요한지 결정할 것을 역사가들에게 요구한다.

문화적 초점 G : 사해 문서

1947년, 몇몇 베두인족 염소 치기들이 쿰란 사막을

지나가고 있었다. 그들 중 한 명이 근처 동굴에 돌 하나를 집어 던졌다. 쿵 하는 소리 대신, 무언가 깨지는 소리가 들렸다. 돌멩이가 부딪힌 곳은 고대 문서가 담긴 항아리였던 것이다. 그 지역에 있는 여러 동굴들은 예수 역사가들에게 엄청 가치 있는 고고학적 발견임이 드러났다. 사해 문서 중 예수에 대한 언급이 있는 것은 없었지만, 이 문서들은 예수 시대의 특정 유대인들의 정치-신학을 들여다볼 수 있는 진귀한 창문을 제공해 주었다.

예를 들어, 한 단편적인 텍스트는 히브리 성서 하박국의 주석이었는데(1QpHab), 거기서 사해 문서의 저자는 다음과 같이 하박국 2장을 인용하였다: "분명히 담에서 돌이 부르짖을 것이며, 골조에서 들보가 응답할 것이다. '피를 보며 성읍을 건축하며 폭력으로 성을 세우는 자에게 화가 있으리라!'" 이 사해 문서 저자는 이어서 하박국의 이 구절이 예루살렘 성전의 '사악한 제사장'을 책망하는 것이라고 주장한다. 사해 문서 저자에 따르면, 예수 당시의 예루살렘 성전은 거짓 제사장들에 의해 건축된 것이었으며, 탐욕과 로마의 영향으로 타락한 것이었다. 이 저자는 성전의 "돌은 압제가 낳은 것이며 나무 들보는 강도가 낳은 것"이라고 주장한다(1QpHab 10,1). 이 말은 성전의 돌들조차 예루

> 살렘의 타락한 사제직을 인정하지 않는다는 것이다.
> 비록 사해 문서에 예수가 언급되어 있지 않지만, 예수 시대 사람들 사이에서 예루살렘의 사제직과 로마의 점령에 대한 반감이 흔했음을 보여 주는 이와 같은 몇몇 텍스트들이 있다. 이와 같은 문서들은 예수가 예루살렘의 종교 지도자들과 성전에 관하여 논쟁한 배경을 제공해 준다.

앞 장에서 나는 설화화가 기억 굴절의 중요한 특징이라고 하였다. 나는 널리 퍼진 내러티브가 기억 굴절의 여러 층 위에 놓여 있는 방식을 보여 주는 자전적 이야기를 들려줄 것이다. 이 사례는 화이트의 논증을 부인하는 것이 아니라, 특정한 결함을 지적하는 것이다.

내가 스무 살 때였다. 나는 어둠 가운데 있었다. 한데 어울려 있는 가까운 관계들이 깨졌다. 나는 조직과, 우정, 소명에 대한 믿음을 잃었으며, 이로 인해 나뿐만 아니라 나와 함께 견뎌야 했던 사람들까지 우울해졌다. 나는 종교적인 양육을 받았지만, 그럼에도 답을 구하기 위해 종교로 돌아갈 마음은 전혀 없었다. 그때 즈음에 내 친구 한 명이 꽤 열광적인 그리스도인이 되었다. 매트는 언제나 다소 반항적인 친구였지만, 그러나 이제는 가난을 맹세한 그런 녀석이 되었다. 그는 오후 8시 즈음에 우리 집 문을 두드렸다.

나는 안으로 들어오라고 했다. 그러자 매트는 밖으로 나오라고 했다. 현관 앞에는 파란 플라스틱 통이 있었고, 물이 가득 차 있었다. 매트는 나에게 신발을 벗으라고 했다. 나는 바로 눈치 챘다. 매트는 어떤 특별한 이야기를 나에게 재연하려 하고 있었던 것이다. 나는 예수께서 발을 씻기신 이야기를 수없이 들어 왔기 때문에, 그걸 봤을 때 알아챘던 것이다. 그리고 내가 그걸 안 하겠다고 거부한다 해도, 그 역시 매트의 계획대로 하는 것이란 점도 알았다. 나는 예수께서 발을 씻기시는 것을 거절한 베드로처럼 행동하려고 했다. 매트는 그 내러티브의 덫에 나를 가두었다. 매트는 이어서 내 발을 씻어 주고, 나를 위해 기도했다.

매트는 기드온 성경을 뒷주머니에 들고 다녔다. 그러나 매트는 방금 무슨 일이 일어났는지 나에게 알려주기 위해서 성경을 꺼내서 읽어 줄 필요가 없었다. 우리 둘 다 그 이야기를 잘 알고 있어서 소리 내어 읽을 필요가 없었다. 그 이후로 나는 수난 설화에서 그 부분을 읽을 때마다, 나 자신의 경험을 투사하지 않을 수가 없었다.

여기서 네 단계의 내러티브 굴절에 주목해 보자.

(1) 매트는 도착하기 전부터 어떤 내러티브를 떠올리게 하려는 명백한 의도를 가지고 있었다. 이 친구는 바로 이 목적을 위해 플라스틱 통을 가지고 왔다. 일을 진행하기 전과 진행하는 동안에 그 이야기가 매트의 마음에 자리 잡고 있었다.
(2) 나는 내가 참여하게 될 이야기가 무엇인지 알았다. 말로 설명할 필요도 없이, 나는 나의 역할과 그 역할의 의미를 알고 있었다.
(3) 이후로 예수의 섬김 이야기를 접할 때마다, 나는 원래의 이야기 옆에 내 이야기를 나란히 놓게 된다.

(4) 나는 지금 매트가 그리스도처럼 행동한 것에 대해 쓰면서 특정한 의제를 가지고 이야기를 재구성하고 있다. 나는 내 요지를 설명해 주기 위한 세부 내용들을 포함시켰다.

내 요지는 역사가가 이야기를 풀어내는 작업에 착수하기 오래 전부터 이미 문화 속에 널리 퍼져 있던 내러티브들이 행동과 해석에 영향을 미친다는 점이다. 헤이든 화이트가 제대로 강조하지 않은 점은 이야기를 만드는 과정이 역사적 사건에 대한 최초의 지각보다도 앞선다는 점이다. 역사가는 사건에 관한 기억 속에 이미 들어가 있는 이야기의 요소를 이용한다.

열광적인 친구 매트와 그의 파란 통에 관한 나의 기억은 영원히 요한복음 13장에 기록된 예수의 이야기라는 틀 속에 구성될 것이다. 그리고 해석학적 순환이 요구하는 바와 같이, 나는 그 이후로 열광적인 매트와 그의 파란 통에 관한 기억 속에서 요한복음 13장의 이야기를 재구성해 왔다. 이 이야기들은 이제 내 마음속에서 서로 유익하게 되었다. 이는 특정한 출발점에서 특정한 궤도를 따라 움직이며 활기를 띠게 된 기억 굴절의 한 형태이다. **내러티브들은 의도, 지각, 기억, 역사를 형성한다.**

매트는 내 기억이 굴절될 패턴을 골랐다. 나는 우리가 (말없이) 합의한 패턴을 따라 이 굴절 궤도가 나아가게끔 했다.

나는 또 다른 친구가 있는데, 그는 탁월한 음악가이자 작곡가이다. 네이선은 장비 덕후이기도 하다. 그는 끊임없이 잡다한 기계와 전자 장치를 수집한다. 그의 창고에는 삶의 능률을 높이기 위해 고안된 장치들이 가득하다—하지만 그런 장비들이 너무 많아서, 기술과 실생활 사이에서 길을 찾는 것이 더 복잡해졌다. 네이선은 기술에 집착하는 자신의 성향이 오히려 비생산적일 때가 많다는 것을 깨닫고, 〈나는 단순해지고 싶어〉(I Want to Be Simple)[4]라는 노래를 썼다. 네이선은 새로운 방향에 자신을 투사하고 싶어서 가사에 자신을 적어 넣었다. 매트와 네이선 모두 의도적으로 기억 굴절을 연출한 사례다. 그러나 설화화가 언제나 의도적인 것은 아니다. 설화화는 또한 우리가 세상을 바라보는 잠재의식적인 렌즈를 통해 이루어지기도 한다. 펜트레스(Fentress)와 위컴(Wickham)은 다음과 같이 썼다.

> [하나의] 플롯은 복잡한 기억 이미지로 기능한다. 플롯들의 레퍼토리를 배우는 것은, 배치하고 보존하여 어마어마한 양의 정보 전달을 가능케 하는 광범위한 '연상기술'(mnemotechnique)[5]을 배우는 것과 상응한다. 문장 구성을 통해 인과적으로 그리고 논리적으로 연결된 시각적 이미지들을 기억함으로써, 우리는 자그마한 이야기들을 만들어 낸다. 이것이 우리가 부지불식간에 끊임없이 사용하고 있는 '연상기술' (…). 적어도 기억되고 전달되기 위해서는 사실들이 이미지로 변형되어야 하고, 이야기 속에 배치되어야 한다. 내러티브의 장르와 같은 내적인 맥락들은 우리가 경험하고 해석하는 온갖 종류의 사건들을 담아내는 전형적인 패턴으로 존재한다. 기억된 사실을 선재하는 내적 맥락에 맞춘다는

---

[4] http://www.afterthechase.com/songs/simple.html.

[5] 기억술(mnemotechnique)은 '기억 전달 수단'(memory vehicle)이다. 이는 우리가 기억에 쉽게 접근할 수 있고 또 관련성 있게 만들기 위해서 우리가 기억을 포장하는 방법이다. 노래는 기억술의 좋은 예다. 알파벳은 종종 시형과 운율에 붙여서 기억에 새겨진다.

것은 처음부터 그 기억의 완전한 재배치를 강제하는 것일 수도 있다.[6]

그래서 [선재하는] 내러티브들은 실제로 세계에 대한 우리의 지각을 형성하고, 그것들을 이해할 수 있도록 우리의 기억을 굴절한다.

이는 우리가 복음서에서 예수에 관한 이야기를 읽을 때 우리가 기억해야 하는 중요하고도 결정적인 부분이다. 우리가 엘리야 모형론에서 봤던 것처럼, 예수의 이야기는 히브리 경전의 여러 이야기들을 반영하고 있다. 예수에 대한 지각과 기억 모두, 예수의 역사적 중요성을 측정하고 예수의 유산에 의미를 투사하기 위해, 내러티브 패턴에 따라 주조(鑄造)되었다는 점은 의심의 여지가 없다. 이는 복음서가 [앞선 이야기의 패턴을 본떠서] 예수의 더 큰 이야기를 주조한 방식에도 적용되지만, 예수를 직접 지각한 사람들이 그의 사역과 정체성을 해석한 방식에도 적용된다. 실제로 예수 자신도 경전에 호소하고 경전을 따라함으로써, 이러한 기억을 굴절시킬 패턴을 규정했다.

더 읽어볼 만한 책들

David Lowenthal. *The Past Is a Foreign Country*. Cambridge: Cambridge University Press, 1985. 『과거는 낯선 나라다』(개마고원, 2006).

Hayden White. *Figural Realism: Studies in the Mimesis Effect*. Baltimore: Johns Hopkins University Press, 1999.

---

6   James Fentress and Chris Wickham, *Social Memory: New Perspectives on the Past* (Oxford: Blackwell, 1992), pp. 72, 73-74.

예수 III
큰 무대

나는 역사가다. 신자는 아니다. 하지만 나는 역사가로서 나사렛 출신의 빈털터리 설교자가 역사의 가장 중심이라는 것이 확정적임을 인정해야 한다. 예수 그리스도는 틀림없이 모든 역사 가운데서 가장 두드러진 인물일 것이다.

허버트 조지 웰스(H. G. Wells)

큰 힘에는 큰 책임이 따르죠.

스파이더맨

나사렛에서 예루살렘까지 걷는 여정은 유키아(Ukiah)에서 샌프란시스코까지 걷는 것과 비슷하다. 당신은 유키아라는 캘리포니아의 작은 마을에 대해 들어 본 적이 없더라도 샌프란시스코에 대해서는 많이 들어

봤을 것이다. 예수는 갈릴리 북부 출신이다. 그는 손이 투박했고, 사투리가 심했을 것이다. 예수는 벽촌에 살던 무명의 시골뜨기였다.

예루살렘은 유대인 세계의 중심부였다. 예수가 둘러앉아서 들었던 거의 대부분의 이야기는 주로 예루살렘을 배경으로 하고 있었을 것이다. 그곳은 야곱이 저 유명한 돌 위에 머리를 두고 잤던 곳이며, 다윗(의 사람들)이 물 긷는 곳을 통해서 잠입했던 곳이다. 예수 시대의 유대인들에게 있어 예루살렘은 문자 그대로 하늘과 땅이 만나는 곳이었다. 히브리 경전에 따르면, 예루살렘 성전이 바로 하나님께서 임재하시며 계셨던 곳이었다(또는 그런 곳으로 여겨졌다). 이런 식의 종교적으로 통용된 생각은 또한 권력을 의미했다. 예수 시대의 권력 엘리트들은 성전 주변을 거닐면서 하나님께서 선택하신 땅과 백성을 관할하고 있었다.

예루살렘에 축제가 있던 시기였다. 이는 유대인들이 이집트에서 탈출한 이야기를 기억하는 의식을 하려고 각지에서 예루살렘으로 몰려들었음을 의미한다. 사람들은 유월절 축제에서 민족의 해방을 경축했고, 새로운 해방과 이를 이끌 새로운 모세를 고대하였다. 어떤 이들은 메시야(기름 부음을 받은 왕)가 거창한 모습으로 예루살렘에 올 것이라고 생각했다. 그 메시야는 성전의 실세들과의 관계를 맺고 로마의 점령으로부터 독립을 선언할 것이다.

예수는 자기 자신의 이야기를 이스라엘의 국가적 내러티브에 투사하였다. 예수는 지리(감람산)와 시기(유월절)를 선택함으로써 자신이 예루살렘에 도착한 것을 메시아적으로 해석하도록 하였다. 소수의 추종자들은 솔로몬의 역사적인 대관식을 따라하기 위해 왕실 행렬을 연출하려고 하였다(왕상 1:32-40, 슥 9:9). 그러나 로마의 거대한 행렬에 비해 나귀 등에 올라탄 예수의 작은 행진 광경은 분명 당혹스러워 보였을 것이다. 그 행진은 성전 계단 앞까지 이어졌지만, 주요 인물들 중 아무도 그를 환영하기 위해 나온 사람은 없었다. 북부에서 온 인기 있는 신앙의 치유자요 선생이었던 그는 예루살렘에서는 그저 또 한 명의 순례자였다.

예수를 따르던 이들은 점차 줄어들었다. 아마 그가 비폭력을 말했기 때문이거나, 사마리아를 통과하여 왔기 때문일지도 모른다. 나라를 사랑하고 이방인을 혐오하는 수많은 유대인들은 사마리아인들과 친구가 된 지도자라면 그게 누구든지 의혹을 품었을 것이다. 예수가 예루살렘에 도착했을 무렵, 그는 모세라기보다 발람에 가까워 보였을 것이다. 예수는 자신의 운동이 알려지기 위해서 뭔가 극적인 것을 해야 했을 것이다.

가난한 이들의 동조를 얻기 위한 최고의 방법 중 하나는 권력 엘리트 계층을 비판하는 것이다. 이런 목적으로 예루살렘 성전의 기득권층은 유대교 내에서 다수의 사람들에게 특히 주요 비판의 대상이 되었다. 다수의 유대인들은 성전의 사제직이 영적 음란과 탐욕과 외세에 의해 타락했다고 믿었다. 종교적 '순수주의자들'과 예루살렘의 제사장들 사이에는 오랜 긴장이 있었다. 에스겔 8-10장은 하나님의 임재가 성전을 저버리고 떠났다고 묘사한다. 또 다른 본문(이사야 53:5의 탈굼[1]과 같은)은 하나님의 임재가 미래에 천상의 성전의 형태로 돌아온다고 묘사

---

1 탈굼은 아람어로 의역한 히브리 성서로, 종종 편집자의 논평이 들어가 있다.

하고 있다. 이전에 봤던 것처럼, 말라기는 제사장의 타락으로 인해 저주를 퍼부을 엘리야의 귀환을 예견하였다.

이런 배경을 바탕으로, 종교적인 순례자들에게 예루살렘이 어떻게 보였을지 생각해 보자. 매 해마다 유대인들은 한 분이신 참 하나님을 예배하기 위해 지상에서 가장 거룩한(가장 거룩하다고 여겨지는) 장소로 순례길에 올랐다. 그들은 제단에 바치기 위해 자신들에게 있어 가장 좋은 제물을 가지고 갔다. 이러한 경험은 그들에게 존재감, 문화적 정체성을 제공해 주는 경험이었고, 그리고 하나님께서 언제가 최종 출애굽을 시키셔서 자신들이 깨어짐으로부터 새로운 세계 질서로 해방될 소망을 제공해 주는 것이었다. 그럼 이제 제사장들이 이러한 소망을 이용하고, 돈과 권력을 위해 로마와 결탁한 시나리오를 생각해 보자. 많은 사람들이 환멸을 느꼈을 것이다.[2]

문화적 초점 H : 그리스도교 경전

신약성서를 읽는 대다수의 사람들은 복음서부터 읽기 시작할 것이다. 복음서가 맨 앞에 배치되어 있기 때문에, 복음서부터 시작하는 것이 당연할 것이다. 그러나 겉보기와는 다르게 복음서는 가장 먼저 기록된 신약성서가 아니다. 데살로니가서와 갈라디아서 같은 편지들은 십자가 사건이 있은 후 20년 이내에 쓰였다. 놀랍게도

이 본문들은 그리스도인들이 매우 이른 시기부터 예수를 '하나님의 아들'로 예배했음을 보여 준다. 이 시기 동안, 예수의 생애에 관한 이야기들은 여전히 구두로 회자되며 각색되고(dramatized) 있었을 것이다.

대부분의 편지들('서신'으로 불리는)은 바울이라는 이름을 가진 유대인 그리스도교도가 쓴 것이다. 이 편지들은 설득력 있는 논증들로 특징지어 진다. 바울은 종종 다른 교회의 지도자들에게 자기 자신 및 자신의 신학과 사역을 변호했다. 바울에게는 예수를 따르는 이들이 민족이나 의례로 인해 나뉘지 않는 것이 너무도 중요했다. 이런 주제는 그의 편지 구석구석에 스며들어 있다. 그 밖의 편지들은 바울의 이름이나, 다른 주요 제자들의 이름, 또는 익명으로 기록되었다.

계시록이라는 책은 (다니엘서처럼) 환상의 언어로 기록된 정치적인 논평(commentary)이다. 아마도 계시록은 요한복음을 기록한 이들과 동일한 집단에서 기록했을 것이다. 계시록은 성서의 마지막 책이지만, 실제로는 요한복음보다 먼저 기록되었다.

2 사실 이것은 사해 사본들을 수집했던 쿰란 공동체의 역사적 맥락이다. 사해 옆에 있었던 이 유대교 분파는 자신들이 참된 제사장이라고 생각했으며, 정화된 왕국과 성전의 회복을 기다렸다.

예수 시대의 성전은 로마 제국의 징수처(taxing station)가 되었다. 로마의 공식 종교는 가이사 숭배였다. 충성된 시민들이 왕을 경배하기 위한 장소가 로마 제국 전역에 있었다. 가이사들은 자기들 자신이 신이라고 생각했지만, 로마 제국과 평화로운 관계를 유지하기 원하는 점령국에는 종교 다원주의도 허용했다. 예루살렘에서 '평화'는 이스라엘의 하나님께 드려지는 모든 예물에서 막대한 비율을 가이사에게 상납하는 것이었다. 로마는 가이사의 주머니를 채울 의지가 있는 이들을 유대교 제사장으로 뽑았다. 더 나쁜 것은, 이 꼭두각시 사제들이 지배자들의 호의를 계속 받기 위해서 순례자들에게 마지막 한 푼까지 착취한 것이다.

예루살렘의 사제들에게는 혁명적인 메시아가 전혀 필요 없었다. 그들은 로마의 보호 아래에서 편안하게 부를 누렸다. 그들은 로마 제국에 맞서는 시골의 한 신앙 치유자를 두둔할 의사가 전혀 없었다. 게다가 예루살렘에서는 메시야들이 등장했다가 사라지는 모습을 자주 볼 수 있었다. 여호수아나 모세, 예레미야를 흉내내는 자칭 메시아들이 새로 등장할 때마다 원대한 약속을 가지고 왔다. 그들은 결국 로마 군대에 의해서 처형당했다. 예수는 순수주의자들과 소박한 이상주의자들의 긴 행렬에 있는 그저 또 한 명의 골칫거리였다.

아이러니하게도 예수는 어부, 과부, 개심한 매춘부 무리들과 함께 왔을 뿐, 어떤 군대도 데리고 오지 않았다. 예수는 혀의 재치와 지혜 말고 어떤 검도 지니지 않았다. 예수는 전혀 알 수 없는 그러한 걸음으로 성전을 향해 갔다. 예수가 자신을 옹호해야 했을 때 세례 요한에 대한 기억에 호소한 것은 놀라운 일이 아니다. 세례 요한의 이름은 예루살렘에서도 권위가 있었다. 반면 예수는 중요한 인물이 아니었다. **그 주가 끝날 때까지(!)**, 지구에서 가장 강력한 정치 세력이 예수를 위험한 인물로 지각하리라고 누가 예상했겠는가?

예수는 예루살렘에 도착하여 모욕적인 환영(의 부재)을 받자, 예언자 역할을 하기로 결심하였다. 예수는 많은 사람들의 원통함을 풀기 위해서 단순히 예루살렘의 왕좌를 확보하려 들지 않았다. 도리어 권력자들을 향해 진리를 말하는 예언자적 목소리가 되었다. 메시야 모형에서 예언자 모형으로의 전환은 변덕스러운 것이 아니었다. 그는 '종말론적 주제'를 연출하고 있었던 것이었다. 이것은 매우 중요한 점이므로, 내가 의미한 바를 잠시 설명하려고 한다.

유대인들의 묵시 문학(예를 들어, 다니엘 7-12장)은 꿈의 언어로 표현된 정치적 논평이다. 묵시 문학은 천사, 짐승, 용, 천상의 전쟁들로 채색되었다. 묵시 문학은 종종 고대의 판타지 소설 또는 공상 과학 소설처럼 읽힌다. 묵시적 이미지 중 하나는 '강림의 날'(Day of Visitation)이다. 이는 역사적 내러티브와 예언 문학과 같은 다른 장르에서도 발견되는, 반복적으로 나타나는 종말론적 주제다. 강림의 날은 하나님의 심판의 날이다. 이 날은 성서의 하나님이 인류의 행실을 축복할지 저주할지를 결정하기 위해 세상에서 일어나는 일을 가까이에서 살피고자 피조 세계에 강림하는 때이다. 일반적으로 성서에서 이 날을 묘사할 때는 이스라엘의 대적들과 부패한 지도자들이 하나님의 분노로 심판을 받는 때다. 반대로 의롭게 남은 자들은 축복을 받는다. 대개 이 심판은 가난한 이와 압제된 자를 돌보는 것 또는 돌보지 않는 것과 묶여 있다.

마가복음에서 예수와 성전에 관한 이야기를 말할 때, 예수는 묵시적 표현으로 그려진다. 마가복음 13장은 종종 '소묵시록'으로 불리는데, 왜냐하면 예수가 다니엘, 에스겔, 요한계시록과 매우 흡사한 언어로 가르치기 때문이다. 마가복음이 이 그림을 그리는 장면에서, 예수는 성전이 한 눈에 보이는 성전 맞은편 언덕에 서 있다. 마가는 다음과 같이 기록한다.

> [예수께서] 성전에서 나가실 때, 제자 중 한 사람이 말하였다. "선생님, 보십시오! 얼마나 굉장한 돌입니까! 얼마나 굉장한 건물들입니까!" 예수께서 그에게 말씀하셨다. "너는 이 큰 건물들을 보고 있느냐? 여기에 돌 하나도 돌 위에 남지 않고 다 무너질 것이다"(막 13:1-2).

여기서 마가는 예수를 성전의 기득권층을 심판하는 묵시적 예언자로 그리고 있다. 이는 예수의 심판 장면을 보여 주는 무대를 설정한다. 묵시적 언어 또한 가득하다. 마가복음의 이야기는 예수와 대제사장 간의 마지막 논쟁에서 절정을 이룬다. 예수는 다니엘 7:13에서 '사람의 아들'로 불리는 묵시적 왕국의 지도자(luminary)로 자기 자신을 계시할 것이다. 많은 사람들이 마가복음의 심판 내러티브가 역사적으로 개연성 있는 것인지에 대해 질문을 던지겠지만(나 또한 그래야겠지만), 예수가 통상 이 칭호로 기억되었다는 점에 대해서는 그다지 의심할 수 없다. 예수가 자기 자신에 대해 가장 자주 사용했던 호칭은 사람의 아들이었다.[3]

예수가 성전에 처음 들어간 장면을 읽을 때, 우리는 이 점을 명심해야 한다. 마가복음이 말하는 것처럼, 예수는 성전에 들어가서 그저 "모든 것을 둘러보고" 있었다(막 11:11). 성전을 방문하고 나서 떠났다. 그 다음에 성전에 들어갔을 때 예수는 심판자가 되었다. 예수는 상인들의 탁자를 던지고, 돈을 다루는 이들에게 심판을 선언한다. 환전이 로마와 성전 사제들 간의 관계를 나타내는 대표적인 것임을 염두에 두자. 예수는 특히 엘리트들의 권력을 유지시켜 주고 가난한 이들을 무력하게 만드는 제도를 표적으로 삼았다. 마가복음의 이야기에서 예수는 부패와 권력 남용을 심판하는 신적인 강림자(divine visitor)이다. 이미 본 바와 같이 마가복음 13:1-2는 예수가 이 성전의 타락을 살펴보려는 의도를 품고 있었음을 암시한다.[3]

기원후 70년에 성전이 무너진 일이 역사적으로 일어난 이후, 예수가 성전 파괴를 예언했다는 이야기를 그리스도인 작가가 지어냈다는 추론도 전적으로 가능하다. 물론 그것도 가능하지만, 역사적 예수가 그러한 주장을 했다는 점과 예수가 성전을 묵시적 범주로 보았다는 점을 믿을 만한 적절한 이유도 있다. 예수가 묵시적 세계관의 견지에서 자신의 사역을 보았다면, 이를 염두에 두고 예수의 염원과 동기를 개연성 있게 해석하는 것은 역사가의 책무다. 예수의 묵시적 가르침은 아마도 사고-범주들(여기서는 내러티브들)을 불러 일으켰고, 그로써 예수의 정체성이 지각되었을 것이다.

그러나 어떻게 역사가가 마가복음의 이야기에서 출발하여, 기억 또

---

[3] 초대 교회에는 '그리스도,' '주님,' '하나님의 아들'이란 호칭을 선호하는 경향이 있었다. '사람의 아들'이란 호칭이 완전히 잊혀진 것은 아니었지만, 다른 호칭들에 비해 인기가 없었다. 따라서 예수가 사람의 아들이라고 스스로를 명명한 것은 (다른 누군가의 아이디어가 아니라) 예수 자신이 고안한 것일 공산이 높다. 예수는 제자들의 기억 속에서 이 명칭이 사라지지 않을 만큼 충분히 사용했지만, 이 명칭은 결국 다른 칭호들에 의해 가려졌다.

는 허구 속에 있는 이 이야기의 개연성 있는 기원으로 책임 있게 거슬러 올라갈 수 있을까?[4] 나는 '역사적 삼각법'(triangulation)을 보임으로써 이 물음에 답할 것이다. 나는 현재를 이해하기 위해 기억이 변형되는 방식으로 기억 굴절을 설명하였다. 나는 복음서 안에서 서로 상반되는 해석들을 분석함으로써, 역사가가 이 해석들을 형성한 역사적 기억을 개연성 있게 제시할 수 있다고 확신한다. 바로 다음과 같은 방식이다.

역사적 기억이 삼각화되기 위해서는 두 가지 의견(전통)이 서로 독립된 (해석의) 계통(line)에 따라 위치해야 한다. 이는 유사한 주제에 대해 불일치하는 별개의 자료에서 두 개의 독립된 구절을 찾음을 의미한다.

이를 염두에 두고, 마가복음에서 예수가 심판하는 내러티브인 아래의 발췌문에 대해 생각해 보자.

> 많은 사람이 [예수에 대해] 거짓 증언을 하였지만 그들의 증언은 서로 일치하지 않았던 것이다. 그러자 몇 사람이 일어서서 이렇게 거짓 증언을 했다. "우리는 이 사람이 '나는 사람의 손으로 지은 이 성전을 헐어버리고 사람의 손으로 짓지 않은 새 성전을 사흘 안에 세우겠다'하고 큰소리치는 것을 들은 일이 있습니다." 그러나 이 증언을 하는 데도 그들의 말은 서로 일치하지 않았다(막 14:56-59).

마가복음의 내러티브에서, 이 '거짓' 증인들은 예수가 자신에게 성전

---

[4] 이야기 뒤에 비이야기적 형태의 사건들이 있는 것이 아님을 염두에 두자. 이전의 연상 과정 속에서 [이미] 내러티브화된 기억들로부터, 마가는 자신의 더 큰 내러티브를 형성했다.

을 파괴할 능력이 있음을 주장했다고 고발한다. 마가복음은 그들을 거짓말쟁이로 부르지 않는다. 다만 그들이 '비일관적'이라고 언명할 뿐이다. 마가복음 13:1-2에서 예수가 말한 것을 감안할 때, 마가복음의 저자는 고발한 내용을 전면적으로 부정하기는 어려웠을 것이다. 그러나 마가복음은 이러한 고발로부터 예수를 떨어뜨려 놓는 것을 목표로 했다. 이제 마가복음과 요한복음을 비교해 보자. 요한복음은 예수가 성전에서 돈탁자를 엎은 장면에 바로 이어서 다음과 같이 기록한다.

> 그 때에 유대인들이 나서서 말했다. "당신이 이런 일을 하는데, 당신에게 이럴 권한이 있음을 증명해 보시오. 도대체 무슨 표적을 보여주겠소?" 예수께서는 "이 성전을 허물어라. 내가 사흘 안에 다시 세우겠다"하고 대답하셨다. 그러자 유대인들이 말했다. "이 성전을 짓는 데 사십육 년이나 걸렸는데, 그래 당신은 그것을 사흘이면 다시 세운단 말이오?" 그러나 예수께서 성전이라 하신 것은 자신의 몸을 두고 하신 말씀이었다(요 2:18-21). [5]

---

[5] 이 구절들이 개념적 유사성을 공유하기는 하지만, 서로 다른 그룹들에 의해 독립적으로 이 말씀이 기억되고 있었다고 생각하기에 충분할 만큼의 차이점들도 있다(C. H. Dodd, *Historical Tradition in the Fourth Gospel* [Cambridge: Cambridge University Press, 1963], pp. 90-91; R. Bultmann, *The Gospel of John* [Oxford: Blackwell, 1971; 『요한복음서 연구』, 성광문화사 1983], p. 126; Raymond Brown, *The Gospel According to John* (Garden City, NY: Doubleday, 1966; 『앵커바이블』 요한복음』, CLC, 2013), vol. 2, pp. 120-21; G. R. Beasley-Murray, *John*, WBC 36 [Nashville: Thomas Nelson, 1999; 『(WBC 성경주석) 요한복음』, 솔로몬, 2001], p. 38). 그래서 다수 증언의 기준(Criterion of Multiple Attestation)이 적용될 수 있다. 50쪽에 있는 다수 증언에 대한 나의 정의를 보라. 물론 이런 호소를 확고히 하는 비슷한 내용을 지닌 다른 말씀들도 예수 전통 안에 있다(막. 15:29-30; 도마복음 71). 그리고 만약 마가복음 11:23; 13:1-2가 연관된 말씀으로 포함되어야 한다면, 형태 다수성의 기준에 호소할 수도 있다.

여기서 요한복음은 이 말을 예수의 입에 직접 두었다. 그러나 내레이터는 이 말을 은유적으로 해석한다. 요한복음에 따르면, 예수는 문자 그대로의 성전을 헐물고 다시 세우겠다고 예언하지 않았다. 성서학자 레이몬드 브라운(Raymond Brown)은 예수의 예언이 문자 그대로 이루어지지 않았기 때문에, 이 예언은 초대교회에서 당황스러운 것이었다고 제안한다.[6] 그래서 마가복음은 예수를 그 말씀으로부터 떨어뜨려 놓으려고 하고, 요한복음은 이 예언을 예수의 부활에 관한 은유로 만든다.

두 본문 모두에서, 예수의 성전 담화는 특정한 편집상의 해석이라는 틀 안에서 형성되었다. 기억의 측면에서, 우리는 기억이 새로운 내러티브 상황의 필요에 따라 재형성되었다고 말할 수 있다. 짐작건대, 각각의 복음서는 예수에 대한 이야기를 특정한 방식으로 기억해 온 각각의 신앙 공동체를 대표한다. 많은 학자들은 각각의 신앙 공동체가 자신들의 신학적 관심을 알리기 위해 예수에 관한 이야기를 창조했다고 주장한다. 이렇게 생각하는 학파들은 예수가 했던 말 중 상당수가 창작된 것이며, 그의 입술을 빌린 것이라고 주장한다.

요한복음이 이 말을 가지고 한 것을 생각해 본다면, 예수가 한 말과 나중에 그 말을 해석한 것 사이의 불일치에 대해 복음서에서 이보다 더

---

[6] "복음서 저자들은 모두 예수님의 이 말씀과 관련된 약속이 문자 그대로 성취되지 않았다는 어려움에 직면해야 했다." (Brown, *The Gospel According to John*, vol. 2, p. 120). 두 복음서 저자 모두 예수에 대한 이전의 지각(아마도 난처하게 만들었을 지각)에 대한 반작용으로 이 말씀을 포함시킨 것으로 보인다. 둘 모두 어떤 유사한 지각(예수가 성전을 파괴할 수 있다고 주장한 것)에 대응할 의도였던 것으로 보인다. 이는 저 구절들이 초기에 널리 퍼진 예수에 대한 어떤 기억에 반응하고 있었다는 증거다. 그래서 당혹성의 기준이 정당화된다. 위의 기준에 기초하면, 초대교회가 이 말씀을 지어냈다는 주장은 별로 개연성이 없다. 오히려 이는 예수 본인이 말했던 것으로 기억되었다.

좋은 예를 찾기 어렵다. 이 말에 대한 요한복음의 재구성은 원래 예수의 가르침과 나중에 예수에 대해 가르친 것 사이에서 발생하는 기억 굴절을 분명하게 보여 준다. **그러나 이 말이 당황스러운 것으로 드러났음에도, 요한복음 2:19는 다른 복음서와 마찬가지로 이 예수의 말을 집어넣고 있다.** 그리고 예수의 입을 빌려 요한(내레이터)의 해석을 넣으려고 하는 시도는 없었다. 예수의 말을 인용한 다음, 부활에 대한 은유였다는 해설이 이어서 나온다. 샌더스(E. P. Sanders)는 다음과 같이 썼다. "요한복음 2:19는 성전 파괴의 위협과 재건의 약속이 얼마나 전통에 깊이 파묻혀 있었는지를 보여 준다. 그것은 너무 단단하게 고정되어 있어서 빠지지는 않았지만, 오히려 재해석 되었다."[7]

요한복음과 마가복음은 이 말을 서로 다른 방향으로 받아들였다. 이는 기억 이론가들이 '반-기억'(counter-memories(반작용-기억))으로 부르는 것이다. 마가복음은 사람들이 예수를 오해하고 있다고 확신했으며, 이를 바로잡기 위한 이야기를 풀어냈다. 요한복음은 이 말을 새로운 빛에 비춰서 보았고, 이 말의 '참' 의미를 끌어내기 위한 이야기를 풀어냈다. 둘 모두 성전 담화에 대한 이전의 해석에 **대항하고**(counteract) 있었다. 그래서 우리는 독립된 두 개의 굴절 궤도를 따라 어떤 하나의 공통된 기억을 가지고 있다. 이 두 지점은 어떤 하나의 공통된 출발점으로 도식화 될 수 있다. 다음은 우리가 삼각법의 이미지를 얻는 방식이다.

---

7   E. P. Sanders, *Jesus and Judaism* (London: SCM, 1985), pp. 72-73.

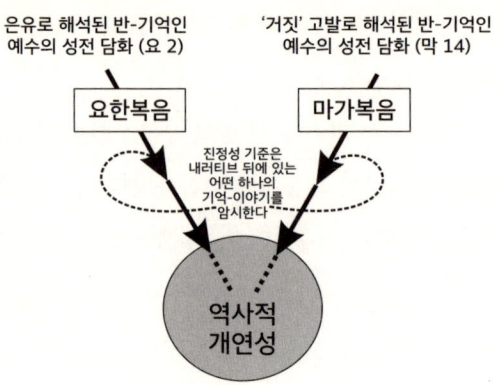

위의 원모양이 나타내는 바와 같이, 나는 단순한 삼각형 이미지를 사용하는 것을 주저하고 있다. 왜냐하면 '지점들'에 대해 말하는 것은 포스트모던 역사가들이 기대하거나 요구하지 않는 정확성을 암시하기 때문이다. 나는 또한 해석이 나선형으로 여러 번 도는 과정을 통해 기억이 앞으로 나아간다는 점을 상기시키고자 한다. 위 도식에서 직선으로 나타낸 것은 나선형으로 움직이는 두 개의 기억 궤도로 여겨져야 한다. 논의했던 바와 같이, 기억 궤도는 특정 해석 패턴 속에서 앞으로 나아가게 된다. 이런 이유로, 역사적 기억들이 개연성 있게 도식화될 수 있다.

만약 마가복음 14장과 요한복음 2장이 반-기억으로 가장 잘 설명된다면, 이 두 반작용의 원인이 된 하나의 역사적 기억이 있다고 자신 있게 말할 수 있다. 아마도 이러한 과정은 아래 그림과 같이, 두 개로 갈라진 가지에서 Y형태의 나무로 돌아가는 모양으로 여겨질 수 있을 것이다. 나는 역사적 맥락을 채우기 위해 몇몇 일반적인 사상적 궤도들을 아래 그림에 포함하였다. 그럼에도 우리가 가장 관심 있어 하는 두 개의 가지는 요한복음과 마가복음이다. 이 둘은 역사적 개연성이라는 공통의 영역으로 소급된다.

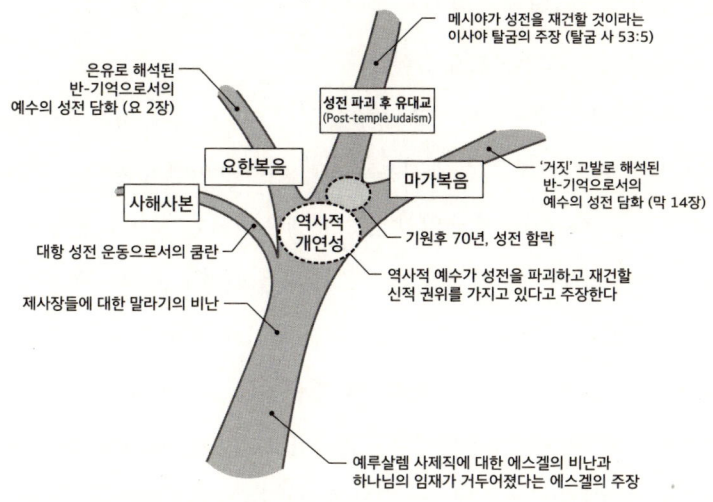

각각의 가지들은 기억 굴절의 패턴을 보여 준다. 마가복음은 예수를 요한복음과 다르게 기억하고 있다. 이 기억의 차이는 특정한 편집적 경향을 밝혀내기 위해 분석될 수 있다. 이 경우 우리는 두 개의 갈라진 패턴을 따라 기억된 유사한 말을 가지고 있다. 두 가지 모두를 가장 잘 설명해 주는 가장 공산이 높은 단일한 원인을 밝혀냄으로써, 역사가는 역사적 주장을 확신 있게 만들어 낼 수 있다.

여기에 있는 아름다운 역설을 놓치지 않길 바란다. 즉, 우리가 가장 자신 있게 역사적 기억으로 상정할 수 있는 때는 이 이야기의 편집자들이 가장 불일치할 때다! **예수에 대한 기억들이 굴절되었다는**(각기 다른 방향으로 휘었다는) **사실은 역사가가 역사적 사건으로 상정할 수 있게**

해 주는 바로 그 사실이다. 빛을 굴절시켜서 보이지 않던 대상을 거의 정확하게 볼 수 있게끔 해주는 망원경 렌즈처럼, 예수에 대한 굴절된 기억은 우리가 역사적 예수에 관한 이야기를 말할 수 있게 해 준다.

이제 우리는 그 이야기로 돌아간다.

예수가 귀신들에게 떠나라고 말하자, 귀신들이 떠났다. 다른 축귀사들은 특별한 뿌리, 반지, 그릇을 사용하였다. 예수는 어떤 소품이나 도구나 장신구 같은 것을 사용하지 않았다. 그에게는 독특한 은사가 있었다. 예수는 실재를 향해 단순히 영적인 치유의 말을 던지는 묘한 능력이 있는 것처럼 보였다. 게다가 이 '영적인 치유'는 물리적 세계에 직접적으로 관여하는 것으로 보였다. 물리적 치유에 관한 소문이 들불처럼 퍼졌다. 예수는 자신의 말 안에서 하나님께서 역사하고 계시며, 이 말들에는 권력 구조를 전복시킬 권세가 있다는 결론에 이르렀다. 예수는 하나님께서 자신에게 "권세와 영광과 나라"(단 7:14)를 주셨다고 믿었다. 예수는 세상을 묵시적 시각으로 보았으며, 다니엘 7장에 나오는 '사람의 아들'의 역할을 감당하기로 결정했다. 그래서 예수가 자신의 목소리(lungs and tongue)를 유대인의 권좌에 가져갔을 때, 그는 가시적인 결과를 완전 기대했다.

여호수아(예수라는 이름은 여호수아라는 이름을 그리스어로 음역한 것이다)라는 지도자의 이야기가 담긴 히브리 경전이 있다. 여호수아는 여리고 성벽 주변을 행진하였다(수 6). 그는 이스라엘 자손들을 이끌고 6일 동안 성벽을 돌았다. 그 다음날 그의 작은 군대가 다함께 큰 소리로 외치자 성벽이 무너졌다.

나는 이 이야기를 전설로 읽는다―나도 어쩔 수 없다. 내가 마음을 열려고 노력해도, 이 이야기에는 내가 사는 세계 속에서 지각하는 실재가 반영되어 있지 않다. 그러나 예수에게는 그러한 지각의 한계가 없었다. 그는 그러한 일들이 가능하다고 실제로 믿었다. 예수뿐만이 아니었다. 유대인 역사가 요세푸스는 성벽을 향해 소리칠 수 있다고 주장하는 예수 시대에 살았던 어떤 사람에 대해 말한다.[8] 예수 시대의 문화에 속한 사람들은 우리와는 다른 실재를 지각하였다. 예루살렘의 권력 엘리트들 역시 이 모든 것을 잘 알고 있었다.

이것이 '단지 재치와 지혜로만 무장한 예수'와 '성전에 대한 터무니없는 주장'이 예루살렘의 권력 구조를 위협하는 것으로 지각되었던 이유이다. 어떤 이들에게는 터무니없는 주장처럼 보였겠지만, 예수가 이 성전을 헐고 다른 성전을 세울 것이라고 주장했을 때 예루살렘의 대제사장은 이를 주목하였다. 그러한 주장은 대중들에게 큰 기대를 불러일으킬 만한 힘이 있었다. 그의 말이 갖는 힘은 그에게 재판을 가져다주었고, 마침내 예수는 권력자들에게 진리를 말할 기회를 얻었다.

대제사장은 평화를 지킬 책임이 있었다. 로마와의 평화를 유지하기 위해서, 예루살렘의 사제들은 무모한 사람이 분란을 불러오도록 내버려 둘 수 없었다. 특히 해방의 이야기들이 마음속에 떠오르는 유월절 기간이었기 때문에 더더욱 내버려 둘 수 없었다. 이스라엘 민족은 국가적 내러티브들이 재현되는 긴 역사를 가지고 있었다. 예수는 지역 로마 당국에 인계되어야 했다. 정치에서는 지각이 현실이기 때문에, 예수는 처형당했을 것이다.

---

[8] Josephus, *The Antiquities of the Jews* 20.8 § 169-72. 『요세푸스 2 : 유대고대사』(생명의말씀사, 2006).

새로운 시작

변화한다는 사실 외에 불변하는 것은 없다.

헤라클레이토스(Heraclitus)

무장 반란이 일반적인 정서였던 시기에, 예수는 종교적 개혁과 정치적 회복을 외치는 예언자적 목소리였다. 모세처럼 예수도 백성이 압제로부터 해방되는 것을 목표로 했다. 그러나 모세와는 달리 예수의 싸움은 '악한 황제'에 대한 것이 아니었고, 다만 정치 꼭두각시들을 움직이고 있었던 손에 대한 것이었다. 어떤 이들은 그가 미쳤다고 생각했지만, 예수는 자신이 사탄이라는 영적 군대를 물리침으로써 천상의 하나님 나라를 땅 위에 세우고 있다고 확신했다. 이런 식으로 그의 목소리는 그가 지닌 압제에 대항하는 최고의 무기였던 것이다.

예수의 말이 지닌 힘은 예수를 주목하게 만들었으며, 군중들의 마음을 끌었고, 논란을 만들어 냈으며, 그리고 그를 죽게 만들었다. 그가 했던 가장 당혹스러운 말도 기억되었다. 예수는 말의 힘으로 자신의 주된 역사적 영향력을 만들어 냈다. 이를 염두에 둔다면, 우리는 그 말이 초기에 지녔던 힘이 기억을 움직이는 궤도를 설정했다고 결론 내려야 한다. 우리는 예수에 대해 가장 기억에 남을 만한 것이 예수에 대한 동시대인들의 최초의 지각을 형성했다고 결론 내려야 한다. 뿐만 아니라, 그의 역사적 영향력과 그 영향력이 어떻게 기억되었는지 사이에는 어떤 연속성이 있다.

우리가 지금 지각에 대해 알고 있는 것을 감안할 때, 우리는 예수의 영향력이 처음부터 내러티브 굴절에 의해 휘어졌음을 예상해야 한다. 예수는 자신들의 문화 속에 담긴 이야기를 실연(實演)하는 문화에서 자랐다. 예수 자신도 이 이야기들을 말했으며, 이 이야기들을 해석했고, 이 이야기들을 따라했다. 예수가 내러티브 기억이라는 렌즈를 통해 지각되었고 예수에 대한 기억들이 이 방향을 따라 더 굴절되었다는 것은 합리적인 생각이다.

예수에 대한 이야기는 매번 말해질 때마다 미세한 굴절이 발생한다. 이야기를 다시 말하는 각각의 행위는 이야기를 들려주는 확대경으로서 이야기를 더 굴절시킨다. 이는 또한 각각의 새로운 외부의 맥락에 맞게 그 기억들이 새롭게 해석되는 것을 보여 준다. 이것이 역사적 기억이 작동하는 방식이다. 우리는 이 기억들을 자신 있게 분석할 수 있는데, 왜냐하면 기억이 특정한 패턴을 따르는 렌즈를 통해 굴절되었기 때문이다. 때때로 이 기억들은 확연히 다른 방향으로 굴절된다. 이러한 이중 효과는 역사적 기억이 개연성 있게 도식화 될 수 있는 공통의

새로운 시작 | 205

영역이 있음을 암시한다.

이것이 포스트모던 패러다임 안에서 역사가의 과업이다. 역사가의 일은, 기억을 돕는 이용 가능한 증거들에 대해 가장 개연성 있게 설명하는 방식으로, 기억에 대한 이야기를 풀어내는 것이다. 이를 고려하면, 역사적 예수는 예수에 대한 해석으로 인해 가려지지 않는다. 그러한 해석이 두드러질수록, 예수에 대한 분석이 더욱 가능해 진다. 따라서 역사적 예수는 편집적 의제, 신학적 숙고, 의도적인 반-기억이라는 렌즈를 통해 명확하게 보인다.

나는 역사적 예수 연구에 대한 새로운 출발을 지각한다. 이 새로운 출발은 고대라는 과거를 알 수 없다고 한탄하지 않는다. 나는 기억 굴절에 대한 해석이 역사가가 앞으로 나아갈 수 있는 최선의 길이라는 개념에 뿌리를 둔 새로운 출발을 제안한다. 이 새로운 출발의 씨앗은 이 책보다 더 나은 작업들을 통해서 이미 심겼다. 나는 이 책을 통해 비옥한 토양에 좋은 빛이 집중되기를 바랄 뿐이다.

꿈의 세계

미스터 아이작 뉴튼은 모든 것을 시험했네
쿡 찌르고 콕 찌른 다음 말했지
"고체는 보이는 그대로 실재한다네"
미스터 알버트 아인슈타인은 빛과 속력에 대해 곰곰이 생각했네
그리고 자기 마음의 눈으로 선포했지
"오 나의 꿈, 이건 꿈의 세계야"

우리가 지극히 높은 하늘을 살필 때
하늘은 우리가 따라가기엔 너무 쏜살같이 달려가지
우리가 원자의 중심을 관통할 때
거기에 낯선 무언가가 있음을 발견하지
어떤 것과도 닮지 않은 것을 말야

주위를 둘러 가장 작은 아무것을 보더라도
에너지라는 존재들이 살아서 빙그르르 춤추고 있지
우리 자신의 몸조차 우리가 지각한 그대로가 아니야
우리의 생각을 만든 재료와 같은 재료지
이 꿈의 세계는 말야

그럼 우린 착각의 한복판에 살며 기동하는 걸까?
우리가 보고 있는 것은 우리를 속여 온 걸까?
우리 마음속에만 존재하는 걸까?
무엇이 그런 결론과 관련 있는 걸까?
왜 어떤 세상에서는 실현될 수 없는 걸까?
어떤 신비스런 세상 속에서 말야

미스터 알버트 아인슈타인은 어느 날 잠에서 깨어나
깨어남 가운데로, 놀람 가운데로, 꿈의 세계로 들어갔지
그래서 우리는 더 가까이 갈수록, 더 먼 곳에 이르지
우리는 좋아하는 걸 얻으려 싸우겠지만, 여기는 꿈의 세계인 걸
우리는 여기가 현실이라고 느끼겠지만, 여기는 꿈의 세계인 걸
혹 그렇지 않다고 외치겠지, 그럴 수 없다고
그러나 여기는 꿈의 세계입니다